コワイの認知科学

日本認知科学会 ||監修|| 「認知科学のススメ」シリーズ

2

Invitation
to
Cognitive Science

川合伸幸 著　内村直之 ファシリテータ

新曜社

「認知科学のススメ」シリーズの刊行にあたって

　人間や動物は，どのように外界の情報を処理し，適切に反応しているのでしょうか？　認知科学は，このような関心から，動物も含めた人間の知能や，人工知能システムなどの知的システムの性質や処理メカニズムを理解しようとする学問です。人間や動物のさまざまな現象にかかわるため，認知科学は，心理学，進化学，情報科学（とくに人工知能），ロボティクス，言語学，文化人類学，神経科学・脳科学，身体運動科学，哲学などの幅広い分野の研究者が集まって作られました。そのため認知科学は，これらの諸分野を横断する学際的な学問分野となっています。

　認知科学はこのように幅広い領域にわたるため，数学，物理，歴史などの伝統的な分野と比べて，体系化することは容易ではありません。そのためもあってか，私たち自身について知るための基本的な学問であるにもかかわらず，これまで中学校や高校の教育の中で教えられることはありませんでした。しかし学問の存在を知らなければ，その道へ進もうと志す人もなかなか現れません。このことは，社会にとって残念なことです。

　そこで，これから大学で本格的に学問に取り組む若い方々やこの分野に関心をもつ一般の社会人の方々に，この分野でどのようなことが研究されており，どのような面白い成果が得られているのかを知っていただくために，日本認知科学会は「認知科学のススメ」シリーズを刊行することにいたしました。

　国内のほとんどの学術書は，研究者自身がテーマに沿って研究を紹介するという執筆形式をとっています。一部の書籍，とくにアメリカの書籍では，研究者の代わりにサイエンスライターが執筆しているも

のもありますが，まだ数は少ないと言えます。本シリーズでは，研究者とサイエンスライターが協同して書くという，これまでにない執筆スタイルをとっていることが，大きな特徴の1つです。全10巻の刊行が予定されており，いずれの巻においても，サイエンスライターは高度な内容を誤りなく，かつわかりやすく読者に伝えるよう，ファシリテート（facilitate）する役目を担っています。そこで本シリーズでは，サイエンスライターを「ファシリテータ」と呼んでいます。全巻にわたるこの役を，書籍のみならず，新聞や雑誌等で科学に関する記事をこれまで多く執筆されてきた内村直之氏に，お引き受けいただきました。

　本シリーズは，別掲のシリーズ構成をご覧いただくとおわかりのように，内容のうえでも，新しい執筆スタイルに負けない斬新で興味深いタイトルを揃えていると自負しています。これらの本を手に取った高校生や大学生のみなさんの中から，認知科学という学問分野を目指す方が現れることを期待してやみません。それと同時に，これまで認知科学という学問分野に馴染みのなかった多くの社会人の方が，認知科学に興味をもってくださることを切に願っています。

2015年9月10日

編集委員
植田一博
今井むつみ
川合伸幸
嶋田総太郎
橋田浩一

全10巻シリーズ構成

既刊

第1巻 『はじめての認知科学』
　　　内村直之・植田一博・今井むつみ
　　　川合伸幸・嶋田総太郎・橋田浩一（著）

第2巻 『コワイの認知科学』
　　　川合伸幸（著）・内村直之（ファシリテータ）

刊行予定

第3巻 『サービスとビッグデータの認知科学』（仮題）
　　　橋田浩一（著）・内村直之（ファシリテータ）

第4巻 『育ちの認知科学』（仮題）
　　　針生悦子（著）・内村直之（ファシリテータ）

第5巻 『表現する認知科学』（仮題）
　　　渡邊淳司（著）・内村直之（ファシリテータ）

第6巻 『感じる認知科学』（仮題）
　　　横澤一彦（著）・内村直之（ファシリテータ）

第7巻 『おもてなしの認知科学』（仮題）
　　　熊田孝恒（著）・内村直之（ファシリテータ）

第8巻 『インタラクションの認知科学』（仮題）
　　　今井倫太（著）・内村直之（ファシリテータ）

第9巻 『オノマトペの認知科学』（仮題）
　　　秋田喜美・今井むつみ（著）・内村直之（ファシリテータ）

第10巻 『選択の認知科学』（仮題）
　　　山田 歩（著）・内村直之（ファシリテータ）

まえがき

　うれしい，おどろいた，悲しい，コワい，腹が立つ……ヒトのこころはこのような情動によって彩られます。楽しいことやうれしいことによって幸福を感じますが，辛いこと，嫌なこと，腹立たしいことがあると，ときには生きていくことさえ辛く感じることもあります。思うようにならないこころの働きは，わたしたちをさまざまな気分にさせます。

　わたしたちのこころはどうしてこのような働きを持っているのでしょうか。本書では，感情や情動と呼ばれるこころの働きのうち，「恐怖」や「コワい」について焦点をあてて，こころの働きに迫ります。

　ある夏の日，家族で宿泊した高原の湖畔のホテルのそばに，本物の蒸気機関車が鎮座していました。2歳になったばかりの息子は，家ではいつもミニカーや蒸気機関車のおもちゃで遊んでいます。さっそく子どもを連れて機関車に乗り込もうとしました。そうすると，「コワいー」と言って，蒸気機関車から力のかぎり逃げようとしました。はしごで操縦室にあがり，運転席にむりやり座らせても，泣くばかりです。近づいてみたときの，機関車のあまりの大きさと，黒々と鈍く光る鋼鉄の固まりに圧倒されたようです。

　別の日，小学生になる娘と，家の前の公園の池にザリガニを釣りに行きました。釣ったザリガニを娘が飼育したいと言うので，小さな水槽に入れて持って帰りました。すこし前に，同級生がザリガニを学校に持ってきて見せていたのがうらやましかったようです。娘にとって，念願のザリガニ飼育。それなのに，水の替えかたを教えようとすると，ザリガニがコワくてできないというのです！

蒸気機関車とザリガニ。どちらも子どもたちが大好きだと言っていたはずなのに，いざ本物を目の前にすると，コワくて近づけない。コワいという気持ちは，わたしたちの気持ちや行動にブレーキをかけてしまいます。

　高いところ，暗い場所，大きな物や音。わたしたちは，さまざまなものを怖れます。どうしてわたしたちは何かをコワいと感じるのでしょうか？　じつは，コワいという気持ちは，生存するために必要なもっとも基本的な情動の1つなのです。まれに，脳のある場所に損傷があるため恐怖をまったく感じないという人がいます。しかし，そういう人は多くの場合，早世されています。恐怖はわたしたちを危険から遠ざけ，安全な場所に身をおかせようとする大事な働きを担っています。

　生命を維持するために必要な情動だということがわかっていても，この嫌な気持ちをなんとかしたい。コワいという気持ちとうまくつきあうにはどうすればよいのでしょうか。

　ものごとを考えるときに大事なことは，まず対象をよく知ることです。対象がどのようなものがかわかれば，おのずと対処方法も見えてきます。本書では，コワいとはどういうもので，わたしたちが恐怖を感じるのはどういうこころの仕組みによるのかについて考えていきます。

　コワいという経験は人によってさまざまですが，逆に言えば，じつは経験によってほとんどのものを恐怖の対象とすることができるのです。特殊な恐怖に対する例をあげても納得できないかもしれません。そこで本書では，誰もが恐怖を感じる対象に話をしぼって話を進めます。コワいという気持ちは，ほかの動物も持っていて，ヒトでも幼少期から現れます。脳内のメカニズムもかなり詳細に解明されつつあります。それらの知見を取り込みつつ，コワいという気持ちのメカニズムに迫ってみたいと思います。

目　次

まえがき　v

1章　コワいってなんだろう？　1

子どもにとって「コワい」は一大事　1
「コワい」と似て非なる「不安」　2
楽しさとしての「コワさ」　3
「コワい」を題材にした文学　4
ホラー映画の文化的違い　6
「コワい」は「悪く」ない　8
　Box　情動と感情　9
　Column　病気としての「恐怖症」　10

2章　コワいのは生まれつきか，経験か？　12

コワいことは「経験」によるものか？　12
　Box　経験によって好き嫌いを形成する学習——古典的条件づけ　15
進化の過程で脳に保存されたコワがるメカニズム　17
　Box　味覚嫌悪学習と準備性　19
こころに刻まれた恐怖とは……　20
　消し去りがたい恐怖　20
　実際に生じた以上に見積もるコワいできごと　22
コワい対象を検出するシステム　22
ヘビは早く見つけられる　26
　Box　仲間はずれを見つける実験——視覚探索実験　26
　ヘビの姿は眼に飛び込む　29

Column　ヒトとヘビ　31
ヒトは生まれつきヘビをコワがるか？　33
ヘビに敏感な幼児たち　34
　　幼児もヘビに敏感に反応　35
赤ちゃんもヘビをコワがるか？　37
ヘビとコワがっている声を結びつける赤ちゃん　38

3章　サルはヘビのなにがコワいのか？　42

これまでに見たことがないヘビに対するサルの反応　42
ヘビのコワさはウロコがポイント？　45
ヒトはウロコのないヘビをコワがらない　46
サルもウロコのないヘビをコワがらない　48
　　Column　ヒトのこころ，動物のこころ——比較認知科学の世界　49
恐怖反応の強さは「それぞれ」　50
遺伝子の個人的違いが生むこころの多様性　51
サルと遺伝子多型性　53

4章　ヘビに対する敏感反応
　　——脳波やノイズテストによる検証　55

ヘビを見ると大きな脳波が出現する　55
ノイズからヘビを探す　57
　　Box　脳の情報処理とマーの3つのレベル　60
ヘビを見つけるシステムにおける3つのレベル　61

5章 クモはヘビのようにコワいのか？ 64

クモは危険ではない 64
ヘビとクモのコワさを比べる 65
　仲間はずれを探す実験でのヘビとクモ 65
　ヘビとクモはどのくらい注意を「拘束」するか 67
クモはヘビほど注意を惹きつけない 68
　Column　ゴキブリはコワいのか，気持ち悪いのか 70
脳波の測定やノイズテストからみるクモ恐怖 72
　脳波で調べる 72
　ノイズの中から見つける 74
サルはクモをコワがらない 75
ヘビ恐怖とクモ恐怖の起源は違う！？ 76
　Box　昆虫学者はクモを「コワがる」？ 78

6章 コワさを抑える 80

コワさを克服する秘訣 80
恐怖抑制のメカニズムとは？ 83
コワがらない人とは？ 85
　Box　ジェットコースターとお化け屋敷 85

7章 他人をコワがるとき 87

経験して知るコワさ 87
怒り顔も注意を惹く 89
サルも怒り顔を早く見つける 91

怒り顔に恐怖を感じやすい人たち　93
　　幼少期の虐待は恐怖の抑制機能を弱める　94
　　仲間はずれにされるコワさ　96
　　　Column　ケータイが使えないことの恐怖　99

エピローグ──コワさを知ることの意味　104

あとがき　106

文献一覧　109
索引　113

装幀＝荒川伸生

イラスト＝大橋慶子

 コワいってなんだろう？

子どもにとって「コワい」は一大事

　だれもが小さいときの思い出をたくさん持っています。夏の日に台風がやってきたときの不安と興奮，運動会の前日にとても緊張したこと，家族との旅行や片想いの同級生と一緒に帰る通学路……楽しかった思い出もありますが，案外こころに強く残っているのは，怖かったときの思い出かもしれません。

- 夜，ひとりでトイレに行くこと。
- 大きくてよく吠えるイヌのいる家の前を通ること。
- 生まれたばかりの赤ちゃんライオンは見たいが，おとなのオスがいて近づけないライオンの檻。
- 一気に膨れあがる積乱雲と，その後に走る鋭い光と大きな音のカミナリ。
- 人前で話すこと。
- 高さ120メートル超の展望階で床が透けて地上まで見通せる東京タワー。
- 細く尖った注射針。

　その日にあったコワいことを思いだして寝つけない夜を過ごした思い出があるかもしれません。
　コワいという情動は子どもにとって大人よりもはるかに大きな意味

を持っています。児童文学では，勇気によってコワさを乗り越える，という話は少なくありません。そういう話によって，子どもたちを「自分もがんばろう」と思えるように鼓舞しているのです。

娘は，わたしが子どものときにそうしたように，「おばけなんてないさ♪」と歌いながら，暗いところを歩きます。

コワいと感じる気持ちはだれでも持ち，子どものころから何とかしたいと思うものです。

痛いことや苦しいことを考えてもコワくなります。なるべくこういう気持ちにはなりたくありません。痛いことをされるのがわかると，小さい子どもは泣き出すこともあります。実際に嫌な治療をされるかわからなくても「医者に行く」というだけで泣き出す子どももいます。親は子どもをなだめ励ましますが，コワさを克服することは，子どものころから，いやむしろ子どものほうこそ重大なテーマなのです。

「コワい」と似て非なる「不安」

「コワい」と似た感情に，「不安」があります。「心配」といってもよいかもしれません。明日の試験は大丈夫だろうか，といった「先の状況のことについて漠然とした不快な気持ち」です。「不安」は「恐怖」とよく似ていますが，「恐怖」は，はっきりとした対象があるのに対して，「不安」は漠然としたもので，はっきりとした対象がありません。

ほとんどの人は，「死ぬのがコワい」といいます。しかし，それは恐怖というより，どうなるかわからないという「不安」なのです。

2つの違いを芥川龍之介の小説で見てみましょう。たとえば，芥川龍之介の短編「トロッコ」からの一節です。

「良平は一瞬間呆気にとられた。もうかれこれ暗くなる事，去年の暮母と岩村まで来たが，今日の途はその三，四倍ある事，それを今からたった一人，歩いて帰らなければならない事，——そう云う事が一時にわかったのである。良平は殆ど泣きそうになった。が，泣いても

仕方がないと思った。泣いている場合ではないとも思った。彼は若い二人の土工に、取って附けたような御時宜をすると、どんどん線路伝いに走り出した。」(芥川龍之介『蜘蛛の糸・杜子春・トロッコ』岩波文庫、1990年)

1人遠くに来てしまった主人公、良平を捉えているのは、これからどうなるかわからない、という「不安」です。

同じ芥川の「蜘蛛の糸」には次のような表現があります。

「ところがふと気がつきますと、蜘蛛の糸の下の方には、数限もない罪人たちが、自分ののぼった後をつけて、まるで蟻の行列のように、やはり上へ上へ一心によじのぼって来るではございませんか。犍陀多(かんだた)はこれを見ると、驚いたのと恐しいのとで、しばらくはただ、莫迦のように大きな口を開いたまま、眼ばかり動かして居りました。」

犍陀多の表情は半分はのぼってくる罪人たちへの驚き、残りは糸が切れることへの「恐怖」が表現されています。

「恐怖」と「不安」は重なるところもありますが、恐怖はそれから逃げ出すことも可能である対象があり、いっぽうで不安は空気のようにまとわりついていて、そこから逃げ出すことは難しいのです。言い換えると、恐怖は対象があるかないかでオンとオフが切り替わりますが、不安は対象がはっきりしないので切り替えがあいまいで比較的長く続きます。

楽しさとしての「コワさ」

コワいことがなくなれば、ほっとします。お化け屋敷や怪談、ホラー映画などコワさを売り物にするエンターテインメントは、「コワさ」をその後の「ほっとした感」に転換することで「楽しみ」を与えているのかもしれません。本来ならば誰もが嫌がるはずのコワいものに人気が集まる理由を考えてみましょう。

コワいという気持ちになるのは危険を感じたときです。そう感じて

いるときには，脳の中にある扁桃体（脳の奥の左右にあるアーモンド形の核です）という場所が働いています（p.23, 24参照）。ここが働くと，からだのさまざまなところに危険に対処せよとの指令が発せられます。心拍が上昇し，血液が多く送られることで，身体中の筋肉がすぐに動けるようになります。このときの感覚は「ぞくっとする」とか「足がすくむ」というもので，これをわたしたちは「恐怖を感じている」と認識します。コワいという情動は，こころだけでなく身体も活性化させるのです。

しかし，人によっては，このような恐怖感覚（あるいは少し感覚の種類が違うものを感じているのかもしれませんが）を，強い刺激を受けるワクワクする感じと認識することもあるのです。

「コワい」を題材にした文学

「コワい」という情動はこころを強く揺り動かします。しかし「コワい」を文学の題材として扱う場合，単にコワいという以上の意味がさまざまなかたちで含まれています。そのためか，怪奇や恐怖は古くから文学の題材となってきました。

文学のなかでも宗教という文脈では，信仰の源泉を恐怖に依存する例が少なくありません。旧約聖書の「ヨブ記」は神の使いであるサタンが，敬虔に神を信じ何不自由なかったヨブにさまざまな不幸を与えて試します。その描写は読むものに底知れぬ恐怖を与えます。新約聖書でも，最後に配された「ヨハネの黙示録」では，天で起きた戦いと神の怒りが，大地に巨大な七つの災いを引き起こすというストーリーで，わたしたちに強い恐怖を与えます。それらのキリスト教宗教文学はいずれも，「コワい」ということをうまく使って，深い宗教的な意味と人々へ信仰をうえつけようとしているとみることができます。

日本でも，平安時代の絵巻物である「地獄草紙」や「餓鬼草紙」では，悪行を重ねた人間が死後に落ちる地獄の残酷なさまや，永遠の飢

えと渇きにさいなまれるグロテスクな餓鬼の姿を描き，恐怖で人を惹き付けます。キリスト教と同じように，これも仏教的な世界観を人々に深く感じさせ意味づける効果があったと考えられます。

時代を下れば，恐怖はうまく味つけをしたエンターテインメントにもなります。数多く書かれた恐怖小説の中には，今も読まれる傑作が少なくありません。吸血鬼小説は，有名なブラム・ストーカーの吸血鬼『ドラキュラ』を始めとして何人もの作家が筆を染めたテーマでした。

アラン・ポーの「黒猫」，日本の伝説に材をとったラフカディオ・ハーン（小泉八雲）の『怪談』，短編ではコワさ随一ともいわれるウイリアム・ジェイコブズの「猿の手」，異次元の怪物たちを克明に描くラブクラフトのクトゥルフ神話シリーズなど，暑い夏でも背中が寒くなる小説は数えきれません。これを読むことによって，人々はゾクゾクする「コワさ」を楽しんでいたのです。

それは日本でも同じでした。何人か集まって百本のろうそくを灯しながら怪談をひとつずつ話し，終えると１本ずつろうそくの火を消し，百話目を終えると真っ暗な中に怪異が現れるという（だから九十九話しかやらないともいいます）「百物語」という日本の伝統的な怪談会は，数百年を越す歴史があるようです。滑稽な話を好むはずの落語でも，夏は幽霊話がよく語られました。三遊亭円朝が名人として知られる「怪談牡丹燈籠」はカランコロンという下駄の音をさせながらやってくる幽霊が出てくる名作です。さらに歌舞伎でも復讐しようと現れるおそろしい姿をしたお岩さんが出てくる鶴屋南北の『東海道四谷怪談』は今でもよく上演されます。

このように，宗教や文学で扱われる「コワい」は，単に感情的にある種の興奮反応を引き起こさせるだけではなく，ヒトのこころの奥底にある「コワい」の深い意味，それが人生に与える影響を掘り下げていたことに気づきます。いっぽう，科学の世界で「コワい」ということの意味や機能がわかってきたのは最近のことです。

ホラー映画の文化的違い

　日本でも海外でもホラー映画は変わらぬ人気があります。日本のホラー映画と海外のホラー映画には違いがあるのに気がつくでしょうか。

　日本のホラー映画は基本的に「不安」を煽るようにできています。名作ホラー映画『リング』の有名なキャッチコピー「きっと来る」に代表されるように，「コワいものはまだ見えていない」のです。なにかが現れそう，なにかコワいことが起こりそうな予感や雰囲気がするということが真骨頂です。日本のホラー映画は「不安」を喚起するように作られているのです。

　長い時間をかけて，いよいよ現れた幽霊も，主人公の貞子がそうであるように顔を現してはいません。つまり，コワい対象をはっきり見ているわけではなく，あくまでも不安の上に不安を重ねるような作り方がされています。はっきり描くのではなく，恐怖の対象を見る人の想像力にゆだねるのです。

　それに対して米国でのホラー映画は，あまり前振りはなく，いきなり不気味なものやチェーンソーや鉈（なた）をもった狂気的な人物が出てきて，登場人物をこれでもかこれでもかと執拗に追いかけ回します。凶器がはっきりと映し出され，怖れる対象が明確に表されます。身体を傷つけられるシーンも明確に描かれ，生の痛さが伝わります。つまり，米国のホラー映画は，はっきりと「恐怖」を対象としているのです。

　どちらも「コワい」ホラー映画ですが，文化によって違いがあるのは興味深いことです。これは，日本人と米国人がどのようなものをコワがるか，ということの違いを反映していると思われます。日本人は「漠然とした不安」を怖れ，米国人は何をどう怖れるべきかが明確になった「恐怖」に対して敏だ，といえるでしょう。

　日本でヒットした海外のホラー映画の筆頭は，おそらく『ジョーズ』です。これはもともと，米国流のホラー映画そのもので，大きな口を

あけた巨大なサメが大暴れするという設定でした。リモコンが仕組まれた作り物のサメは，海水につけると故障を繰り返して，ろくに動かず，仕方ないのでスピルバーグ監督はスタッフを海中に潜らせ，サメの背びれだけ出して海の浅瀬を動き回らせることにしたといいます。そうすると逆に，なにが出てくるのかわからない恐怖心（むしろ不安といった方がいいでしょう）が高まり，有名なテーマ曲とともに観客に強く印象づけるホラー映画となりました。

　映画ではそのあと，サメが出てきて暴れますが，『ジョーズ』というタイトルを聞けば，日本人なら背びれだけが海面に見えるシーンを思い出す人が多いことでしょう。映画を観たことのない人でも，そのシーンだけは見たことがあるのではないでしょうか。しかし米国では，サメが暴れて，ヒトを喰いちぎるシーンが思い出されるかもしれません。実際，その後も米国ではサメやワニが人に襲いかかって飲み込んでしまうシーンを描いたB級映画が多数製作されてきましたが，日本では，そのような映画は製作されていません。同じ『ジョーズ』を見ても日本人と米国人では「コワさを楽しむ」ところが異なるのかもしれません。

「コワい」は「悪く」ない

　痛い，苦しい，コワいという感覚や感情は，だれにとっても不快なものですが，なければいいというものではないようです。じつは，どれも生きていくためにはとても大事なものです。

　たとえば，痛みをまったく感じないという特殊な病気（専門的には先天性感覚性ニューロパチーといいます）があります。患者さんの数は少ないのですが，生まれたときから鋭い痛みも鈍い痛みも感じにくいのです。歯で口の中を噛んだり，捻挫したり，お腹の調子が悪くなったりしても，痛いということがないので，体調の異常が本人にはわかりません。まわりがよほど気をつけて面倒をみないととても暮らしにくいのです。痛いという感覚は，その状況から脱出しなければ，生存にとって危険なことが起きるということをヒトに知らせる大事な信号です。無視されないようにこころに「負担」をかけているとも考えられます。

　「コワい」という感情も似ています。コワいと感じる状況は，その状況は危険な目にあうかもしれないという状況です。痛いと同じように，自分に危険を知らせる大事なこころの信号だと考えてもよいでしょう。

　情動や感情がどうしてあるのか，どのようにヒトでは働いているのかという研究は長い歴史があります。それでもわからないことばかりといってもよい状況です。その中でも「コワい」の科学的研究は少しずつ進んできました。心理学的な実験，神経科学的な研究などが多様な切り口から「コワい」と感じる心の仕組みを調べ，その成果が総合されて少しずつその仕組みがわかってきたのです。

　たとえば，脳の中の扁桃体というところの機能に障害があると恐怖を感じません。非常に珍しい例ですが，まったく恐怖を感じないという人もいます。そのように極端な例でなくても，人によってコワがり

な人とあまりコワがらない人がいます。これらの違いはどこからくるのでしょうか。国民的アニメ・漫画の猫型ロボットキャラクター・ドラえもんが、ネズミに耳をかじられてネズミをコワがるようになったように、経験の積み重ねによって何かをコワがるようなこともあります。そのような経験が積み重なることによってコワがりになる人もいれば、生まれつきコワがりでない人もいます。最近の研究では、遺伝子の違いによってコワがりの人とそうでない人がいることがわかってきました（第3章参照）。それらについても後の章でくわしく説明します。

Box　情動と感情

ヒトのこころはさまざまな働きを持っています。ものごとを理屈で理解し処理していく力だけでなく、いっけん論理的でないように思える情動（emotion）あるいは感情（affection）の働きというのも大事です。

多くの研究者は、基本的な情動として次の6つを考えています。

喜び joy（幸せ happiness）
怒り anger
驚き surprise
悲しみ sadness（悲痛 distress）
恐怖 fear
嫌悪 disgust

「基本的な」とは人類の地域や世代、文化を超えて共通に持っている、つまり、生まれたときから持つことが決まっている生得的な性質と考えられています。基本的な情動にともなってそれぞれに対応した表情がありますが、それらを写真に撮ってまったく異なる文化集団の人に見せても、「これは喜んでいる」「これは怒っている」というのがお互いにわかるのです。つまり、たとえば韓国の「恨（はん）」のように、その国

の人でなければ理解しにくい感情というものとは性質が異なるのです。

　SFドラマ『スター・トレック』に出てくるヴァルカン星人と地球人との子どもであるミスター・スポックは，情動を持たず理性でしかものを判断しないという設定です。かつての西欧では，動物的な情動はヒト独特の知性の働きを阻むものと考えられがちでした。そういう意味では，ミスター・スポックは理想像といえますが，じつは，最近の研究者は，情動はそれ自身の働きと同時に，論理的な知性を発露させるのにも不可欠なものと考えています。情動を欠いたヴァルカン星人のような生物は繁栄しそうもない，というのですが，ドラマでは，ミスター・スポックはいろいろな事件を通じて人類の愛や同情などいろいろな「感情」の価値を学んでいくという筋立てになっているものが多く，ここでも情動や感情の価値は認められているようです。

Column　病気としての「恐怖症」

　精神医学の領域では，恐怖や不安が一定のレベルを超えると，適切でない行動をとったり過度の苦しみを経験する，不安障害（anxiety disorder）＊と診断されます。不安は，先に述べたように対象のはっきりしない漠然とした不快な感情ですが，それが特定の対象と結びつくと恐怖症（phobia）と呼ばれます。「コワい」の認知科学を考えるうえで，恐怖症が精神医学的にどう考えられてきたかは参考になります。

　恐怖症（あるいは恐怖性障害）という症状は古くから認められて

　＊　精神科では，病的とみられる状態のほとんどが原因不明で，身体そのものに異常はなかなかみつかりません。そこで他の診療科で使う疾患（disease）や症候群（syndrome）ということばでなく，障害（disorder）ということばを使うようになっています。障害ということばにはいろいろな意味があり細かく使いわけられています。
　参考文献・高橋茂樹『STEP精神科　第2版』（海馬書房，2008年），『メルクマニュアル　第18版日本語版』（日経BP社，2006年）

いて，大きく3つに分かれます。
（1）状況恐怖症：たとえば広場恐怖症のように，公共のひらけた場所で，何かが起きても，そこからは逃げられず助けも得られない状況・場所に追い込まれるのではという恐怖・不安を感じます。人混みにいけない，交通機関を使えない，外出できないという事態に陥ります。
（2）社会恐怖症（社会不安障害）：人の前に出たときに，相手の期待に添えないのではないか，軽蔑されるのではないか，不快感を与えているのではないかという恐怖を感じ，発汗，赤面，嘔吐，ふるえなどを起こします。自分の恐怖が理屈にあわないというのはわかっていても，自分ではコントロールできません。
（3）特定の恐怖症：特定の状況や対象に対して恐怖・不安を感じます。よくある状況・対象はヘビやクモなどの動物，雷雨・雷鳴，刃物などの尖端，病原感染などです。
　恐怖症に対しては，精神・心理療法，認知行動療法や薬物療法などがあります。

2章 コワいのは生まれつきか, 経験か？

　この章の後半では、コワい存在の代表としてヘビを取り上げ、具体的にどうコワいのか、なぜコワいのかを考えていきます。その前にまず、心理学ではかつてコワいというのはすべて経験によるものであると考えられいたことを紹介します。いまから考えると荒唐無稽なところもありますが、当時はそれなりの説得力がありました。研究が進展してくると、「すべては経験」という単純な考えにあわない実験事例が報告されるようになりました。どうやらわたしたちヒトには、本能的にコワがる対象があるようなのです。「すべての恐怖は学習されたもの」という最初の考えから、どのように研究が進展してきたかを見てみましょう。

コワいことは「経験」によるものか？

　何も知らないうちは、死ぬことも注射もコワくありません。何かをコワがるのはそれがコワいものだと学習／経験したからこそ、それがコワいとわかるのです。生まれたときの赤ちゃんの心は白紙の紙のようなもので、経験によってどんどん書き込まれていくことで、ヒトらしいこころが形成される。このイギリス経験論の流れを汲んだ考えこそが、心理学の黎明期の主流でした。

　心理学は、ヒトのこころを客観的な方法で調べようとする学問です。しかし、最初期の心理学はあまり科学的とはいえない方法をもちいて研究していました。

　そこで、科学的な心理学の確立を目指していた米国ジョンズホプキ

ンス大学の心理学者ジョン・ワトソンは,当時のロシアで生理学の研究をしていたイワン・パヴロフがおこなった条件反射の現象(p. 15 Box 参照)に目をつけました。条件反射によって,それまでほとんど何の反応も示さなかったメトロノームの音に対して,イヌはあたかもエサを眼の前にしたかのように唾液を流したのです。そのことからワトソンは,「ヒトのこころのすべては経験の産物だ」と主張しました。「健康な 12 人の乳児と,育てることのできる適切な環境さえととのえば,才能,好み,適正,家系,民族など遺伝的といわれるものとは関係なしに,医者,芸術家から,どろぼう,乞食まで様々な人間に育て上げることができる」(文献 [1]) とまで言ったのです。そのような主張を示す根拠の 1 つとして,赤ちゃんは簡単にコワがることを学習する,という衝撃的な研究を発表しました。いまでもどの心理学の教科書でも説明される実験で,インターネットでその実験の様子の映像を視聴することもできます。

　実験では,生後 11 ヵ月の赤ちゃん,アルバート坊やに「レッスン」をしました。まず最初に実験室で赤ちゃんを好きに遊ばせます。部屋には白いネズミがいて,赤ちゃんは喜んでそれに触ろうとしていました。しばらくしてから,ネズミが近くにいるときにアルバート坊やの頭の後ろで太い鉄の棒をハンマーで打って大きな音を立てました。アルバートはこの音を嫌がって泣きわめきました。ネズミだけでなく,シロウサギや白いイヌなどを前にしたときでも同じような大きな音をならしました。こういう「レッスン」を 1 週間に 1 度ほどの頻度で繰り返しました。7 週間後,白い毛があるという特徴を共有する毛皮のコート,サンタクロースのひげの顔など,すべてのものがアルバート坊やにとって見るだけで泣いてしまうコワい存在になりました。ワトソンは,この実験結果から,これら「恐怖」や「怖れ」は経験によって身につけたものである,と主張しました。

　ワトソンによれば,高いところがコワいのは,「落ちて転んだことがある」からで,尖ったものがコワいのは,「それで刺したことがある」

アルバート坊やの実験

からというわけなのです。

　いまから考えると，論理の飛躍があちこちに見られるこの主張も，客観的にヒトのこころを調べる方法を模索していた当時の心理学者たちには福音のように聞こえたのです。ワトソンがおこなったのは恐怖を学習する実験でしたが，好きなものも同じように「良い経験をともなったから好きになった」と考えれば，わたしたちの感情はすべて経験によるものだ，といえるのです。素敵な景色を見て，おいしい食事をすれば，そばにいる人に対して好意を持つでしょう。テレビの広告は好感度の高い人が商品とともに登場しますが，好感が商品に波及することを期待しているのです。ちなみにワトソンは，大学の職を辞して，広告会社の副社長になっています。

　感情だけでなく，思考も経験によると考えることができます。たとえば，小学校のときに足し算や引き算を習いましたが，習ってすぐに使いこなせるようにはなりません。何度も宿題やテストをこなして，少しずつ習得していったのです。

　論理的な思考も同じことかもしれません。いくつかの経験が積み重なって，わたしたちは論理的な考えをできるという可能性を考えてみ

2章　コワいのは生まれつきか，経験か？

ましょう。

　たとえば，「太郎君は次郎君より背が高い。」「次郎君は光男くんより背が高い。」という2つのことを知れば，太郎君は光男君より背が高いという推論が成立します。これを推移律（推移的推論）といいます。

　じつは同様な推論は，ネズミやチンパンジーでも「学習によって」可能なことがわかっています。だとしたら，わたしたちの感情や思考はすべて，経験によって培われたものだ，と考えてもおかしくないかもしれません。

Box　経験によって好き嫌いを形成する学習
　　　　——古典的条件づけ

　なにかに対して恐怖を感じるのは，過去にそれで恐ろしい目にあった「学習」の結果だ，というワトソンの行動主義心理学の主張は，20世紀初め，ロシア（当時）の生理学者イワン・パヴロフが報告した有名な「条件反射」を基礎とした「古典的条件づけ」という枠組みで説明されます。

　ヒトに恐怖を植えつける過程を再現するには，次のような実験をします。まず

　・のちに恐怖の対象となるもの（たとえば，まんじゅう）
　・恐怖あるいは嫌悪を引き起こす状況（たとえば電気ショック）
の2つを用意します。

　実験に参加する人に，まんじゅうを見せてもとくに「コワい」とは思いません。いっぽう，ビリっとくる電気ショック（身体に影響の残らないごく軽いもの）を与えると，参加者は「痛い・コワい」と感じます。この2つは，最初はなんの関係もありません。（条件づけ前）

　　↓

　実験参加者に，まんじゅうを見せながら電気ショックを与えるということを何回か繰り返します。見せられると同時にビリっときて，そのたびに実験参加者は「痛い」と感じます。（条件づけ）

　　↓

15

数回も繰り返せば，まんじゅうを見ただけで実験参加者は（電気ショックを与えられたときと同じように）「コワい」と感じます。「もともとコワくなかったものがコワい体験と一緒になることで，コワくなった」と考えます。これが条件づけが成立した（学習した）状態です。（条件づけ成立後）
↓

　その後も実験参加者に電気ショックを与えず，まんじゅうを見せることだけを繰り返すと，だんだん「コワい」と感じる気持ちは薄らいできて，そのうち元のようにコワいとは感じなくなります。これを（条件づけが）消去されたといいます。

　主観的に「コワい」と感じるかどうかを聞く方法もありますが，あまり意味はありません。ウソ発見器で使われる皮膚の電気的な反応や心臓の拍動，呼吸数を調べるなどで実験参加者の反応を見極める客観的な方法のほうが一般的で無意識レベルの恐怖を捉えることができます。

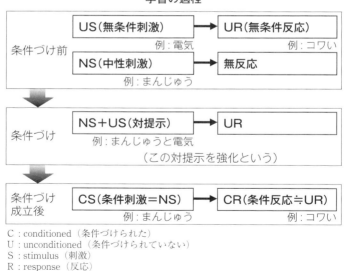

学習の過程

C : conditioned（条件づけられた）
U : unconditioned（条件づけられていない）
S : stimulus（刺激）
R : response（反応）
N : neutral（中性）

> ドラえもんは,かつてネズミに耳をかじられました。その経験のために,ネコ型ロボットなのに,むしろネズミをコワがるという設定です。
>
> ドラえもんは,ネズミを見るとギャーっといって飛び上がります。ネズミを恐怖の対象として学習してしまったドラえもんはかつてはなんとも思わなかったネズミの姿に恐怖を覚えるようになったのです。

進化の過程で脳に保存されたコワがるメカニズム

特定のものに異常なまでの恐怖を感じてしまう不安障がいや恐怖症というこころの病気があります。たとえば,人に会うのがコワい「対人恐怖症」,家の外へ身を置くことができない「広場恐怖症」,さらにクモやゴキブリなどをとてもコワがる人もいます。ある精神医学の考えでは,このようなこころの障がいや行動の異常は,その人の過去に誤った「条件づけ」が起こったことに原因があるといいます。先ほどの例のような「学習」が成立したと考えるのです。

恐怖症の起こるきっかけが,もし学習で形成された恐怖だとすると,今度は逆にもはや何もコワがるべきことがないという事実を繰り返し提示してやればコワがることが消えるだろう,と考えられます。消去というやり方です。多くの場合,消去はうまくいきます。ところが,コワがる対象によっては,この消去がうまくいかない場合があるということが1960年代末ごろになってわかってきました。いくら恐怖の対象に慣れる手続きを繰り返しても,効果がほとんど得られないケースがあるのです。

恐怖というものはどれも同じように学習されて,消し去ることができるわけではないのです。どうしてそんなことが起こるのでしょうか。

不安や恐怖の学習について研究していたペンシルバニア大学の心理学者マーティン・セリグマン(文献[2])はそれまでの数多くの実験事実をまとめて考え,ある特殊な対象への恐怖はそもそもヒトのここ

ろの中に埋め込まれた，恐怖への準備が整えられたものが現れているのではないか，という仮説にたどり着きました。特殊なものとは，たとえばヘビやクモです。

彼の仮説にもとづいて考えると，恐怖症の対象となりやすいもの（ヘビ，クモ）は，恐怖症になる人がほとんどいないもの（花，キノコ）に比べ，恐怖のきっかけになる電気ショックなどの状況と結びつきやすいように，進化の過程で準備が整えられているということになります。そして，そのように刻み込まれている対象と恐怖のきっかけになるような状況の結びつきはほかの学習に比べて強く，生理的な基礎も異なるために，次のような4つの特徴が見られます。

（1）恐怖の条件づけがすぐにできてしまう
（2）いちど成立した条件反応を消去しようとしてもなかなかできない
（3）「それは害がないから怖くない」といったことを理解していても影響を受けにくくその効果は薄い
（4）学習が成立する（しない）刺激間に特定の組み合わせがある（次頁 Box 参照）

セリグマンがそれまでの心理学で主流となっていた学習研究の常識を超えて提唱した「準備性（preparedness）」という概念は，いわば「恐怖の中には時を超えてヒトの脳に（さらにおそらく遺伝子に）刻み込まれたものがある」ということを表しています。鳥類や昆虫には，教えられなくても決まった行動をする「本能」と呼ばれる性質があるのと似ています。今からするとなるほどと思わせる考えですが，その当時に「何がどのように」準備されているのかということを実際に突き止めることは難しく，1970年代の研究では，進化の過程や生理学的な要因と対応づけて検討されることはありませんでした。

Box　味覚嫌悪学習と準備性

　たとえば，何かを食べてお腹を下すと，それ以降はその食品を食べられなくなってしまいます。これを「味覚嫌悪学習」といいます。味覚と内臓感覚の不調という関係は，準備性があるようです。

　ネズミでこの現象を調べてみると，いろいろ不思議なことが見えてきます。

　米国の心理学者ジョン・ガルシアは，ネズミに人工甘味料で甘くした水を飲ませたあと，薬剤を注射して食あたりの症状を起こすという実験をし，そのあと，ネズミの味の好みはどうなるかを調べました（文献［3］）。そういう経験をしたネズミはわずか1回の経験で人工甘味料の味がする水は飲まなくなるということがわかりました。味覚と体調不良についての学習は1回だけで成立したのです。

　いっぽう，甘い水を飲ませる代わりにピカピカした点滅光を見せたあとに食あたりを起こさせても，甘い水を飲ませたあとに食あたりではなく電気ショックを与えるということを（甘い水に恐怖を感じさせようとしたのです），何百回繰り返しても学習は成立しませんでした。

　ある食べ物を食べてそのあと体調が悪くなるという経験をたった一度でもすると，その食べ物の味を嫌うようになる，という現象を味覚嫌悪学習，あるいは発見者の名をとってガルシア効果といいます。しかし，当時はこのような現象を誰も信用しませんでした。そのころ，心理学の中でもっとも権威のある学術誌であった『ジャーナル・オブ・エクスペリメンタルサイコロジー』の編集委員長は，「そんなことが生じるはずがない」といって，彼らが提出した論文の掲載許可をだしませんでした。やがて莫大な数の追試で味覚嫌悪学習には他の学習と比べて，それまでの事例にあわないことが多くあることがはっきりと示され，当時の編集委員長がのちになって「あの論文を掲載不可とした判断は誤りだった」と謝罪しています。

　味覚情報と体調不良というのは，非常に強い関係が脳や身体の中に刻まれているといえます。逆にいうと，光や音と体調不良は，脳と身体に刻まれた関係がない，つまり「準備性がない」ために，どれだけ

> やっても学習が成立しないということになります。学習の成立の有無
> やその程度には，進化的に備わったある程度の準備性（の有無）が必
> 要ということなのです。

こころに刻まれた恐怖とは……

　セリグマンの指摘した恐怖と関係づけられやすい特定の刺激が存在することは次第に示されるようになってきました。動物にはさまざまな本能が備わっています。その動物たちにあらかじめ怖れるべき対象が「準備」されていても不思議ではありません。しかし，ヒトは生まれてからの経験のほうがむしろ重要です。はたしてヒトにも恐怖の対象は準備されているのでしょうか。

　ヘビやクモは現代のヒトにとっては，もはやそれほど危険ではないにもかかわらず，かなり多くの人が恐怖症を持っています。これらの動物は恐怖の対象の代表といえるかもしれません。そこで，ヒトはヘビやクモをコワがる「準備性」があるのではないか，ということが調べられるようになりました。

消し去りがたい恐怖

　スウェーデンのカロリンスカ研究所の心理学者アルネ・エーマンらは，実験をする前からもともと恐怖に関連していそうなもの（「準備性」がありそうなもの）としてヘビとクモの写真を，本来恐怖とは関連しなさそうなものとして花とキノコの写真を見せながら，電気ショックを実験参加者に与えて条件づけの実験をおこないました（文献［4］）。恐怖を感じているかどうかの指標として毛が少しだけ逆立つかのような恐怖反応（皮膚電気活動＝SCR：Skin Conductance Response）が採用されました。

　この実験では，ヘビの写真を見て電気ショックが与えられる人，キ

ノコの写真を見て電気ショックが与えられる人などがいました。この手続きを繰り返すと、どちらの人もその写真を見るだけで、皮膚電気活動が高まります。この条件づけが成立したあと、消去をおこないます。つまり、写真だけ見せて、電気ショックは与えないということを延々と繰り返します。そうして恐怖（SCRの高まり）が消え去るまでに何回写真を見せなければならなかったかを、見せた写真ごとに比べてみました。

その結果、もともと恐怖に関連するヘビやクモの写真は、関連しない花やキノコの写真に比べて条件づけが消去しにくいことがわかりました（より多くの回数を必要としました）。

これらの刺激は、コワいこと（弱い電気ショック）と対にされたときだけ、消去に時間がかかりました。良いこと（たとえば、お金がもらえる）と一緒にされたときには、ヘビやクモの写真に対する条件反応がいつまでも消去されないということはなかったのです。

条件反応の消去に見られる違い

恐怖に関連したモノといってもいろいろありますが、どれも同じように消去されにくいわけではないのです。たとえば、漏電を暗示する壊れた電気製品（文献 [5]）や、殺人に使える武器＝銃（文献 [6]）では、ヘビやクモのように消去しにくいという結果は得られなかったのです。

恐怖を感じさせるものであっても,人類とのつきあいがごく最近である壊れた電気製品や銃は,比較的簡単に恐怖を消すことができたのです。はるか祖先の霊長類であったころから恐怖の対象であったヘビなどへの恐怖だけが,ずっとこころに残っている,ということなのです。

実際に生じた以上に見積もるコワいできごと

脳に刻まれた恐怖に関連する刺激が,コワい出来事と一緒に与えられれば,実際以上に多くの嫌なことが生じたというバイアスがかかった見積もりをします。

米国の心理学者スーザン・ミネカらは,条件刺激の後に電気ショックが提示される確率を$\frac{1}{3}$と設定しました(たとえば,90回写真が提示されたあとに,電気ショックが与えられるのは30回)。その確率は実験参加者に知らせずに,花,キノコ,ヘビを条件刺激として,実験参加者がどの程度正確に電気ショックの起こった頻度を推測できるかを調べました。その結果,花やキノコでは,ほぼ正確に$\frac{1}{3}$と推測できましたが,ヘビの写真が条件刺激であると,電気ショックは$\frac{1}{3}$より高い率で起こったと答えたのです(文献[7])。ところがさきほどの消去の実験と同じように,同じ恐怖に関連した刺激であっても,壊れた電気製品に対しては,実際よりも高率に見積もるバイアスは生じませんでした(文献[8])。すなわち,ヒトは進化の過程でずっと以前から恐怖の対象であった刺激(ヘビ)に対してだけ,コワさに関係する何らかの「準備性」を持っていることが,このような実験からわかるのです。

コワい対象を検出するシステム

ヒトは,祖先のころから怖れていた対象には,特別に恐怖を感じる「準備性」を持つことがわかりました。わたしたちの脳は,どのようにその対象を見つけて反応するのでしょうか? 恐怖を引き起こす対

象を見てから,恐怖を感じ,反応するまでのプロセスを追ってみましょう。

カギとなるのは,脳の深い部分,大脳辺縁系にある扁桃体です。その名の通り,アーモンドの実のようなたまご型をした左右一対の神経細胞のまとまった塊です。

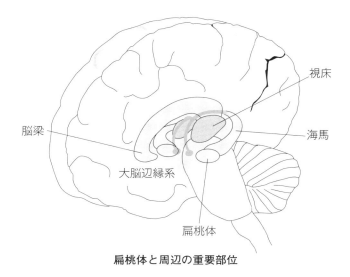

扁桃体と周辺の重要部位

大脳辺縁系(扁桃体のほか,記憶を司る海馬,嗅球などを含む総称)が情動にかかわっているという考えは,長らくありました。扁桃体を壊したり刺激したりする実験で,恐怖の対象を見せても血圧,心拍などの自律神経反応に変化が生じないことが1980年代中ごろまでにわかっていたのです。

恐怖を担う脳の部位が扁桃体であることをはっきりとつきとめたのは米国の神経科学者ジョセフ・ルドゥーでした。音で恐怖を起こすように条件づけたネズミを用いて,脳のどこを損傷したら恐怖を起こさなくなるかを特定するために,耳で聴いた情報が脳内のどこを通って

伝わるかを丹念に調べました。聴覚情報は蝸牛核→聴覚中脳→聴覚視床……と伝わっていきます。最終的には大脳皮質に伝わりますが、その聴覚情報が伝わる皮質を壊しても恐怖反応は起こります。だとすれば恐怖反応を起こす司令は別の場所のはずです。多くの実験によって、それが扁桃体だということが明らかになりました。音を聞かせて恐怖を強く喚起する刺激を与えると扁桃体が活性化し、血圧上昇、心拍増加、すくみなどが生じます。ルドゥーらの一連のくわしい研究から情動にかかわる感覚情報は、大脳皮質を経由せず扁桃体に入る直接経路と、大脳皮質を経由して入る間接経路という2種類の経路で処理されていることがわかったのです（文献［9］）。これは聴覚だけでなく、視覚の場合も同じで、それぞれ2種類の異なる経路で扁桃体に恐怖の刺激が別々に伝えられます。

　どうして恐怖を扁桃体に伝える経路が2つずつあるのでしょうか？経路が2つあることの意味について、すこしくわしく考えてみましょう。

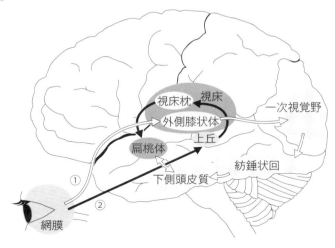

視覚情報の2つの入力経路

眼で見た情報も耳で聴いた情報と同じように扱われ，情動反応を引き起こします。眼の網膜から入ってきた視覚情報は，①大脳皮質を経由する経路（網膜→外側膝状体→一次視覚野→扁桃体），②網膜から皮質を介せず視床を経由して伝えられる経路（網膜→上丘→視床枕→扁桃体），の２つで扁桃体に到着します。

　大脳皮質を経由する前者は，精緻で詳細な情報がすでに持っている記憶などと照合されつつ時間をかけて扁桃体に到達します。一方，経由しない後者は，比較的粗い情報がすばやく扁桃体に送られます。前者の処理時間は後者の処理時間の２倍程度かかるといわれています。

　ヘビのような長いニョロっとした情報が視覚から飛び込んでくると，素早い処理をする後者の経路がまず働き，おもわず「わっコワい！」と身体を飛びのかせます。その後，前者の詳細な処理がなされて「よく見たら，ヘビではなくてロープだった」，と間違いに気づくことがあります。

　危険に遭遇した場合，いち早く避難しないと被害が大きくなるかもしれません。そのために，それが何であるのかくわしい分析をする前にとにかく逃げることが大事で，情報の内容が粗くても早く結果を出す経路が備わっている，と考えられます。

　この脳の情報路の「近道」は恐怖に限られていないようです。一般に恐怖以外の情動を喚起する刺激もいち早く扁桃体に到達し，それを活動させるという実験結果があります。ハーバード大学のエリック・ハルグレンらは，悲しそうな顔，笑顔，とくに情動を感じさせない中性の顔という３種類の顔を実験参加者に見せてその脳の反応の違いを見る実験をしました。実験参加者の脳の反応を脳磁図（MEG：magnetoencephalography）という装置で観察したところ，顔の写真を見せた170ミリ秒後にピークのある反応が，いずれの表情に対しても得られました。この170ミリ秒にピークのある反応は脳の紡錘状回という部位が発信源と推定されました（前頁参照）。脳波でも，同じ場所から刺激提示170ミリ秒後に顔に対する独自の反応としての波形が得

られます。興味深いのは，この実験では情動的な表情だけには，170ミリ秒より早い120ミリ秒付近にピークを持つ別の反応が観察されたことです。この信号の発信源を推定した結果，扁桃体に端を発する活動でした。これは中性顔には見られない反応でした。

ヘビは早く見つけられる

「顔だ」とわかるより50ミリ秒前に，何らかの情動をゆさぶるようなものがやってきたとわかることは，たとえそれがわずかな処理時間の差でも生き残りにとって重要です。ほんの短い時間でも，すばやく外敵を見つけられれば，捕食されずにすむ可能性が高まるからです。長い進化の歴史の中の自然選択（自然淘汰）で，すばやく捕食者を見つけた個体は生き残り，恐怖の対象をすばやく見つける傾向が進んでいったのかもしれません。

ここまでは神経細胞が速く活動するということでした。実際の行動としても検出がすばやくなっているのでしょうか。わたしと柴崎全弘さんは，危険な動物はそうでない動物よりも早く見つけられるかどうかを大学生を対象として実験で調べました（文献［10］）。

Box　仲間はずれを見つける実験——視覚探索実験

「ウォーリーをさがせ！」という絵本シリーズをご存じでしょうか？同じようなかっこうをしたたくさんの人が入り乱れて描かれたページから，赤と白の縞シャツ，ジーパン，丸メガネにステッキを持つウォーリーを見つけ出すという「問題」が何ページもある絵本です。よく似たかっこうをしたたくさんの人の中から，特定の人を探し出すこととよく似た実験は心理学・認知科学の研究でもよくおこなわれています。視覚探索実験あるいは視覚探索課題と呼ばれます。たとえば次の図のような「おなじ特徴をもった仲間が1つもない棒はどれだ」という問題です。

2章 コワいのは生まれつきか，経験か？

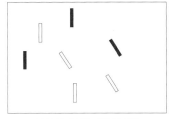

検索対象が少ない条件

比較的容易に検出可能

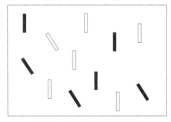

検索対象が少ない条件

検出までに時間を要する

　右の図の棒は左の図の棒より多くあります。当然,「仲間はずれ」以外のもの（妨害刺激といいます）が多ければ多いほど，探す手間がかかるので右の図のほうが探し出すまでに時間がかかります。横軸に妨害刺激の数，縦軸に仲間はずれのものを見つけるまでの反応時間を描けば次のグラフのようになります。

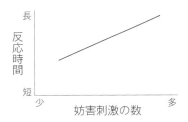

　しかし，なかには妨害刺激がたくさんあるにもかかわらず見た瞬間に仲間はずれがわかる視覚探索問題もあります。たとえば次の問題です。

下の例のようにもっと多くても，左のたくさんのOの中からQを探す問題なら，すぐどこにあるかわかります。まるで眼に飛び込んでくるようにQは見つかります。こういう場合をポップアウト（飛び出す，という意味）といいます。いっぽう右のような問題だと，1つ1つ確かめていかないと，たくさんのQの中のOは見つかりません。こういう探し方を逐次探索といいます。

```
OOOOOOOOOOOOOOOOO      QQQQQQQQQQQQQQQQQ
OOOOOOOOOOOOOOOOO      QQQQQQQQQQQQQQQQQ
OOOOOOOOOOOOOOOOO      QQQQQQQQQQQQQQQQQ
OOOOOOOOOOOOOOOOO      QQQQQQQQQQQQQQQQQ
OOOOOOOOOOOOOOOOO      QQQQQQQQQQQQQQQQQ
OOOOOOOOOOOOOOOOO      QQQQQQQQQQQQQQQQQ
OOOOOOOOOOOOOOOOO      QQQQQQQQQQQQQQQQQ
OOOOOOOOOOOOOOOOO      QQQQQQQQQQQQQQQQQ
OOOOOOOOOOOOOOOOO      QQQQQQQQQQQQQQQQQ
```

　左のような場合（Oの中からQを探す場合），妨害刺激が増えてもその数にかかわりなく反応時間は短いままでほぼ一定です。

　視覚探索は，こころの機能に深くかかわる問題です。たとえば，これからくわしく見ていく「恐怖」というものや，意識してある情報を選び取ろうとする「注意」という機能などの性質がこの実験からわかります。

ヘビの姿は眼に飛び込む

　実験では，コンピュータの画面に2行2列＝4枚か3行3列＝9枚の写真を並べて同時に提示します。個々の写真は，恐怖を起こすものと恐怖を起こさないものという2つのカテゴリに分けられます。そのうえで4枚や9枚が提示された際に，多数の写真の中の1枚（仲間はずれ）だけがその他の写真と異なるカテゴリに属する場合（ターゲット試行）と，すべての写真が同じカテゴリに属する場合（同一試行：下の写真の左端の2つのパネル）のどちらであるかを実験参加者に答えてもらいました。実験参加者は，できるだけ早く判断することも求められます。

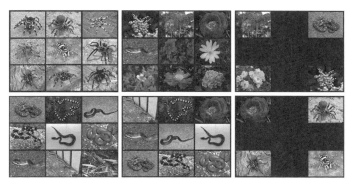

写真提示の例

　ヘビとクモを恐怖に関連する刺激，花とキノコを恐怖に関連しない中性刺激とします。実験では，ターゲット試行と同一試行をバラバラな順でおこないましたが，ターゲット試行を分析の対象としました。

- **条件1**　コンピュータ・スクリーン上に並べられた写真の1枚だけが恐怖関連刺激（ヘビかクモの写真）でそれ以外は花やキノコの中性刺激だという状況
- **条件2**　1の逆の条件，つまり中性刺激が1枚で，それ以外は恐怖関連刺激という状況

という2つの条件で，その1枚を発見するまでの時間を測定しました。

結果は，中性刺激の中の1枚の恐怖関連刺激を見つけるほうが，その逆の恐怖関連刺激の中の1枚の中性刺激をみつけるよりも早かったのです（下図）。面白いことに，恐怖刺激が1枚しかない条件では，中性刺激が残り3枚でも8枚でも検出までの時間は変わりませんでした。ターゲットを見つけるのに残りの枚数は関係ない，つまり，ヘビの姿は，それだけが全体から飛び出してくる＝ポップアウトしてくるのです。

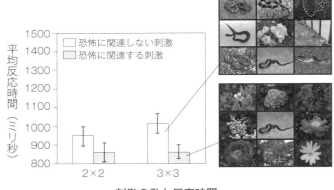

刺激の数と反応時間

この結果は，他の研究者がおこなった同様の研究（文献［11］）の結果と一致していました。「色が違うのが目立ったのでは？」という疑問もありましたが，白黒写真にしてみて，色を手がかりにしているわけではなく，むしろ，白黒写真のほうが脅威の対象の検出効率はよくなるということもわかりました（文献［12］）。

動物は他のモノに比べて見つけられやすいといわれることもあります。ヘビやクモと花やキノコの違いはそのことを反映している可能性があります。そこで，花やキノコの代わりに恐怖を起こさない動物（コアラ・トリ）に変えて実験をおこなってみました。やはりヘビ・クモ

2章 コワいのは生まれつきか，経験か？

を見つけるほうがコアラ・トリを見つけるより早かったのです。

ヘビとクモの検出時間の違いも詳細に調べてみましたが，それについては，後の章でくわしく検討してみます。

Column　ヒトとヘビ

　ヘビとヒトの付き合いは，神話や伝説など古くから世界中に残っています。

ギリシア神話　ギリシャ神話ではいたるところにヘビが登場します。
・幼児時代のヘラクレスがゆりかごで眠っているとき，継母のヘラ（ゼウスの妻）は2匹のヘビをそこに送り込みます。ヘラクレスは両手に1匹ずつつかんで絞め殺してしまいます。ヘビを殺すというのはその後に英雄になるという兆しを暗示しています。
・見た人を石に変えてしまうというメドゥーサの髪の毛は一本一本すべてヘビです。これは，もともと美少女だったメドゥーサが自分の髪を自慢したために女神アテーナーによって毛をヘビに変えられてしまったのです。

メドゥーサ（カラバッジオ画）

・アポローンの子アスクレピオスは医術にたけ、アテーナーから譲られたメドゥーサの血で死者まで蘇らせることができるようになりました。秩序を乱されることを怖れたゼウスに殺されますが、その後、天に上げられ医術を司る神となります。彼の持っていたとされるヘビの巻きついた杖の図柄は今も世界の医術・医療のシンボルとなっています。日本の救急車にもこのマークを真中に置いた「スターオブライフ」がついています。

聖書 ユダヤ人たちは、ヒトの出発点にヘビを登場させています。

アダムとイブのいるエデンの園で、神の作ったいきもののうちでもっとも賢いものはヘビでした。ヘビは、イブを騙して神が禁じていた知恵の木の実をとらせ、アダムとイブの2人はこれを食べてしまいます。実を食べたせいで裸であることを恥じるようになった2人は、神の怒りによってエデンの園を追放され、労働をし、子孫を作り、そして死んで塵に戻らなければならないようになりました。さらにヘビに対し、神は「お前は呪われるものとなった。生涯這いまわり塵を食らえ」と命じました。それから、ヘビは地表を這いまわる存在となったのです。創世記で人間が原罪を背負うことになる有名な挿話です。

ヘビは、ヒトに対する攻撃の道具としても使われました。出エジプトを果たしたイスラエルの民に神は炎のヘビを送り、反抗する人たちを咬ませました。モーセは青銅のヘビを作り、これを仰ぎ見た人々の命は救われました（「民数記」より）。のちにこの青銅のヘビはイエス・キリストの象徴とも考えられるようになります。

西欧でのヘビの見方は、ギリシャ神話と聖書に出てくるエピソードでほぼカバーできるといえます。威厳ある存在であることもありますが、おおむねはヒトに害を及ぼす忌まわしいものです。

日本 もっとも有名なものは、古事記に登場する8つのアタマと8つの尾を持つ大蛇ヤマタノオロチ（八岐大蛇）でしょう。全身に苔、ヒノキ、スギが生えているというのですから、とても巨大なヘビといえます。スサノオノミコト（須佐之男命）の計略ですべてのアタ

マから酒を飲まされ、酔いつぶれたところで斬られて退治されるのですが、尾から出てきたのが三種の神器のひとつクサナギノツルギ（草薙剣）でした。

恐ろしい存在としてヘビが登場する有名な話はほかにも多数あります。紀州道成寺の伝説、安珍と清姫の物語です。一夜の宿を求めた僧、安珍を見初めた清姫は、修行第一の安珍との恋が叶わぬことに怒り、我を忘れてどこまでも安珍を追い、とうとう大ヘビに変身してしまいます。紀州道成寺の鐘の中に隠れた安珍をヘビの姿をした清姫は許さず、鐘に巻きつき炎と熱で中の安珍を焼き殺したあと、入水して死を選ぶ……。すさまじい話ですが、これを題材とした能や人形浄瑠璃、歌舞伎が作られ、人々を楽しませています。

日本ではヘビは悪い存在ばかりではなく、白蛇（アオダイショウのアルビノ＝白化個体）は神の使いとされています（岩国市など）。またヘビを神社のご神体としている例もよくあります。農業国として貯蔵穀物に害を及ぼすネズミを退治してくれる存在として崇められたという話もあります。これは、日本には有毒なヘビがマムシ、ハブとヤマカガシの3種程度しかいなかったため、それほど恐ろしい存在と考えられなかったためかもしれません。

ヒトは生まれつきヘビをコワがるか？

恐怖を引き起こす対象を見て、その情報が脳に入ってくると扁桃体が活動します。扁桃体を活性化させるものには、もちろん生まれたあとの学習によって恐怖の対象となったものも含まれます。たとえば銃口が向けられたような写真に恐怖を覚えますが、これは生まれたあとに銃は危ない、という情報を得て恐怖の対象となったからです。これもヘビやクモと同じように扁桃体を活性化し、すばやく見つけられます（文献[13]）。ヘビと銃の違いは、消去のしやすさが異なることでした。

このことはヒトはもともとヘビを怖れる「準備性」を持っていることを意味しています。それでは恐怖を学習するように「準備されている」だけでなく，はたして，ヒトは生まれついてヘビを怖れるのかが次の疑問になります。つまりヘビへの恐怖は学習することなしに身についていたものなのでしょうか？

　近年，毒ヘビのいないマダガスカル島に暮らすサルの視覚が，ヘビのいる地域のサルに比べて著しく未熟であることなどから，サルは見つけにくいヘビを発見するために脳を大きくさせたとの大胆な仮説が提唱されています（文献［14］）。餌となる昆虫を識別したり，果実が食べられるかどうか判断するための食への適応として，あるいは複雑な社会生活を送るための適応として，霊長類の脳が大きくなったという従来の考えとは大きく異なりますが，高い樹上で暮らしていた霊長類にはほとんどヘビしか天敵がいなかったことなどを考えると，説得力のある説です。

　もしこの仮説が正しいならば，ヒトやサルは生得的にヘビをコワがるはずです。ヘビに対する恐怖がヒトやサルにとって生得的なものであるかどうかは心理学の領域で長年議論されてきました。

　野生のサルはヘビを怖れます。いっぽう，実験室で生まれ育ったサルは，そのままではヘビを怖れませんが，他のサルがヘビを怖れている様子をビデオで見せると，それ以降はかならずヘビを怖れるようになります。このことから野生のサルがヘビを怖れるのは，同種の他個体がヘビを怖れているのを見たことによる代理学習の結果であると長らく考えられてきました（文献［15］）。

　同じことがヒトでもいえるかもしれません。わたしたちは，銃口を突きつけられると，銃で撃たれたことがないのに，えもいわれぬ恐怖を感じます。それは，銃で撃たれれば命を失うような危険なものということを，テレビやマンガのなかで子どものころから何回も見聞きしているからでしょう。世界中の神話や言い伝えで，ヘビは禍々しい存在として語られています。自分が噛まれたこともないのにヘビを怖れ

2章 コワいのは生まれつきか，経験か？

るのは，神話や言い伝えを介した代理学習である可能性もあります。このことを実験で確認してみました。

ヘビに敏感な幼児たち

わたしたちは，これまでに説明したおとなでの視覚探索実験の簡易版を3-5歳の子どもを対象に実施しました（文献［16］）。京都大学の正高信男さんと早川祥子さんとの共同研究です。実験の方法は，基本的にはおとなと同じで，花とヘビを組み合わせた9枚の写真の中から1枚だけ仲間はずれの写真を探すという課題でした（下図）。

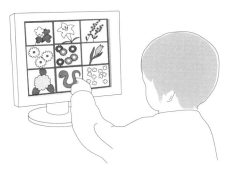

幼児の視覚探索実験の様子

幼児もヘビに敏感に反応

実験の結果は，おとなと同じように，すでに3歳でヘビを見つけ出すほうが花を見つけ出すよりも早かったのです。おとなと同じようにカラー写真と白黒写真でこの結果に違いは無いので（文献［12］），色を手がかりに探しているわけではありませんでした。また他の研究グループの実験では，ヘビと花という組み合わせだけでなく，ヘビとカエルの組み合わせ，ヘビとイモムシの組み合わせも比較されました。

その結果,子どもは他の動物よりヘビを早く見つけました(文献[17])。気持ち悪い動物であるかどうかや,細長く伸びた身体が目立つわけではないようです。

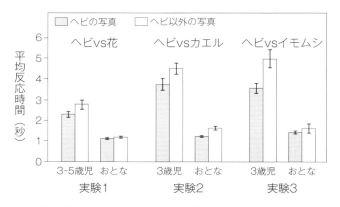

仲間はずれの写真を見つける視覚探索課題 (文献[17]より)

これらの実験結果は,すでに幼少期からヘビに対して敏感に反応することを示しています。ということは,ヘビに対する恐怖が生まれつき,つまり生得的であると考えられます。

わたしの娘が2歳を少し超えたばかりのころ,すでにヘビのイラストをコワがっていたのを思い出します。それはとても可愛いヘビの絵なのに,娘は「コワくて仕方が無い」というような反応をするのです。子どもの読むもの,見るものにはヘビの登場は少なくないので,ヘビの姿そのものに反応したというより,TVや絵本を通じてヘビが恐ろしいものであることを学習した可能性も考えられます。

とはいうものの,娘が1歳になるまでいっさいTVを見せませんでしたし,保育園に行ってなかった娘に見せる絵本にヘビが載っていな

いかは入念にチェックをしていました。それにもかかわらず、このような予想通りの反応をしたことに、わたしは自分の考えが正しいことが示されたようですこし嬉しくなりました。カードをコワがる娘の様子はビデオに撮影してあり、講演などでよく見せますが、聴衆の多くの方も、幼少期から可愛いヘビのイラストでさえコワがることに納得してもらえています。

さて、本当にヘビ恐怖は生得的なのでしょうか。さらに小さな子ではどうなのでしょうか？

赤ちゃんもヘビをコワがるか？

米国の心理学者ジュリー・デローチェらは、さらに小さい子どもを対象にヘビをコワがるかを調べています（文献[18]）。実験室に9ヵ月齢の乳児とその母親に来てもらって、乳児の行動を調べました。母親の膝に座った乳児はTVモニターを見て、すこし変わった形の動物（ゾウ、キリン、ヘビ）が移動している映像を見ました。ここで研究者は2つの行動を調べました。

1つは、乳児がどれだけ映像を長く見ているか、でした。わたしたちはコワいものから目を逸らせます。同じように乳児も、ヘビをコワがるなら、あまり長く見ないだろうと予想されました。

もう1つの行動は、画面に手を伸ばしてつかもうとするかどうかでした。これまでのほかの研究でこの月齢の子どもはテレビに映っている映像を、あたかも実際の3次元の物体であるかのように、手を伸ばして触ろうとすることがわかっていました。もし、乳児がヘビをコワがるなら、ほかの動物に比べてヘビを掴もうとする行動が少ないと予想されました。

実験の結果は明確ではありませんでした。ヘビとヘビ以外の動物に対する注視時間や、触ろうとする回数に統計的な差はありませんでした。数だけ見ると、むしろ、ヘビを触ろうとすることのほうが多いく

らいでした。そのためこの研究で，著者たちは9ヵ月齢ではヘビへの恐怖は十分には発達していないと結論を下しています。

その後，同じデローチェらの研究チームは，同じ手続きでもう少し年齢が上の子ども (18-36ヵ月齢) を対象に，今度は実際のヘビやクモを提示して実験をおこないましたが (文献 [19])，やはりこのやり方ではヘビ・クモをコワがるという証拠が得られませんでした。むしろ，ハムスターなどと同じように，ヘビなどにも興味を示していました。

デローチェたちは，これらのやり方では9-36ヵ月齢の子どもがヘビをコワがる証拠を示さないと考え，先の研究のなかで別の方法を用いて「ヘビが恐怖の対象と結びつきがあるかどうか」を調べています (文献 [18])。

彼女たちが使った実験方法は，音-写真対応法というものです。この実験方法は，4-7ヵ月齢の乳児は，映像の内容に対応した音のするときにその映像を注視するという現象を利用しています。たとえば，背景でドラムの音がするときには，いないいないばぁをしている女性の映像よりも，ドラムを叩いている映像のほうをより長く見ます。同じように，笑い声が聞こえるときには，悲しい顔の映像よりも笑顔の映像を長くみつめます。

これを応用して，7-16ヵ月齢の乳幼児に，大きな画面で2つの映像を左右に並べてヘビの映った映像とヘビ以外の動物 (キリンかゾウ) が映った映像を同時に見せました。このときに，子どもたちにはコワがっている声か嬉しい声のどちらかを聞かせました。この場合に，子どもたちは声の種類によってどちらの映像に注視するかが問題でした。

ヘビとコワがっている声を結びつける赤ちゃん

赤ちゃんたちは，コワがっている声を聞いたときには，喜んでいる声を聞いているときよりも長くヘビを見ました。しかし，どちらの音

2章 コワいのは生まれつきか，経験か？

乳児の注視実験

声を聞いているときであっても，ヘビでない動物を見ている場合には，注視時間に音声の違いから生じる差はありませんでした。

このことは，赤ちゃんたちには，ヘビの映像とコワがっている音声を結びつけやすい傾向があるということを意味しています。

別の研究室でも，乳児を対象として視覚刺激同士の結びつきを調べる同じ原理の実験がおこなわれています。カーネギーメロン大学の心理学者デヴィッド・ラキソンは，11ヵ月齢の乳児に，コワがっている顔のマンガを見せながら，同時に別の写真を見せて2つの結びつきの強さを調べました（文献［20］）。見せた写真はヘビ，クモ，花，キノコという4種類のうちいずれか1枚でした。たとえば，コワがっている顔とヘビが一緒に見せられた乳児もいれば，コワがっている顔と花を一緒に見せられた乳児もいる，という具合です。乳児たちにこういった組み合わせの写真を何度か見せたあと，これまでとは違う，ヘビやクモの写真と笑顔のマンガという新しい組み合わせの写真を同時に見せました。

11ヵ月齢の女児は，ヘビやクモがこれまでとは違う組み合わせで

提示されたときに，それを長く見つめました。長く見つめるのはそれに驚いた証拠と解釈できます。つまり，ヘビが笑顔と一緒にでてきたことに驚いたわけで，ヘビ＝コワい顔という関係があることを理解していたことを示唆します。たんにこれまでとは違う組み合わせででてきたことに驚いたのかもしれません。しかし，花やキノコの新しい写真の組み合わせではこのようなことは起きませんでした。男児では，どの写真の組み合わせが変えられても「驚き」は見られませんでした。

　男性よりも女性のほうがヘビやクモをコワがりやすいとよくいわれますが，その傾向は乳児期から見られるとラキソンは主張します。彼によると，女性は子どもをヘビやクモに噛まれることから守る必要があるので，これらの生物を怖れる傾向が強くなった，つまりこの傾向は進化の産物だということなのです。スウェーデンの研究では，ヘビやクモ恐怖症の女性は，男性の約4倍もいるとの報告があります。

　しかし，先ほど登場したデローチェの共同研究者であるロブーは，ラキソンの主張に対し，11ヵ月齢の女児は同年齢の男児よりも表情の読み取り能力が高いので，コワがっている顔から笑顔という関係の変更に驚いたのだと主張しています。ちなみに，ロブーは，5歳の女児が怒り顔を見つけるのは男児よりも早いという実験結果をだしています。

　わたしには，コワがりやすさの男女差は，ロブーの考えのほうが正しいように思えます。証拠としてはそれほど強いものではありませんが，乳児に関しては1歳になる前から，ヘビとコワいことの関係が結びついているといえそうです。

　さまざまな実験から，ヒトは，乳児，あるいは幼児のころから，ヘビと恐怖は関わりがあることがぼんやりと見えてきました。つまり，ヒトは「ヘビはコワい」とお話で教えられなくてもヘビに対するコワさをなんとなく持っているようなのです。このヘビに対する認識がもし，ヒトの祖先が樹上生活をしていたときからの進化の産物ならば，同じようなことが，長い間ヒトと共通の進化の歴史を持つサルでもあ

るのではないかと考えられます。次の章ではサルのヘビに対する反応をくわしく見ていきます。

サルはヘビのなにがコワいのか?

　ヒトやチンパンジー，さらにさまざまなサルを含む霊長類の祖先にあたる動物は，樹上で暮らしその生活域を広げながら進化してきたとされています。高い樹上に暮らしているということを考えると，そのころのサルを補食できる可能性があったのはワシやタカなどの猛禽類，大型のネコ科の動物とヘビしかいません。猛禽類は，大きな翼が邪魔となり，樹冠の周りまでは行けても，その下の枝が密集する森林深部までは入ってこられません。大型のネコ科の動物はせいぜい8メートルまでしか木を登れません。そうだとすれば，それよりもはるかに遠い樹上で暮らしていたサルの進化過程で，怖れるべき唯一の対象はヘビだったと考えられます。それならば，今のサルのこころにもヘビへの恐怖が生まれつき刻み込まれていてもおかしくありません。本章ではその可能性を確かめたわたしたちの研究を紹介します。

これまでに見たことがないヘビに対するサルの反応

　人間の飼育下で生まれ育ち，これまでに一度もヘビを見たことのないニホンザルはヘビに対してどういう反応をするのかを，くわしく調べてみることにしました。前にも触れましたが，人間の飼育下で生まれ育ったサルはヘビをコワがりません。しかし，ヒトとヘビの関わりをよく調べてみると，行動として観察されるヘビへの直接的な「恐怖」とは別に，ヒトの脳にはヘビの姿に対して迅速に反応（敏感反応）をするシステムや，コワいものと結びつけるシステムを持っていました。これらは進化の過程で獲得したヘビを検出する脳のメカニズムの

証拠と考えられるものです。ヘビをコワがらない人も，ヘビを早く検出します。「コワい」という反応と，ヘビを見つけるシステムを生まれつき備えている，ということはかならずしも同じでなくてもよいのです。そのようなヘビへの敏感反応はサルでもあるのでしょうか。

　柴崎全弘さんとわたしは，京都大霊長類研究所の中で生まれ，一度もヘビを見たことのないニホンザル3頭を対象にして，花とヘビの写真を使って仲間はずれの写真を探すという実験をおこないました。ヒトの実験と同様に，同時に4枚か9枚並べた写真のうち1枚だけ異なるカテゴリーの写真を入れて，サルに見せます。その1枚をできるだけ早く選べるように訓練します。3日以上連続して85％以上の正答率で選べるようになるまでサルを訓練したあと，仲間はずれの1枚を選ぶまでの反応時間を記録しました。

花の写真を選んでいるニホンザル

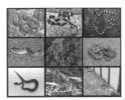 

花とヘビを混ぜた提示写真の例

43

その結果，花の写真の中に1枚だけヘビの写真がまぎれているセットでの反応時間のほうが，その逆（ヘビの写真の中に花が1枚入っているセットの場合。前頁の写真を参照）よりも短くなりました。これは，ヒトのおとなや子どもと同じ結果でした。白黒写真でやってみても同じ結果になりましたから，サルはその判断をするさいに色を手がかりにしていたわけではありませんでした（文献 [21]）[1]。

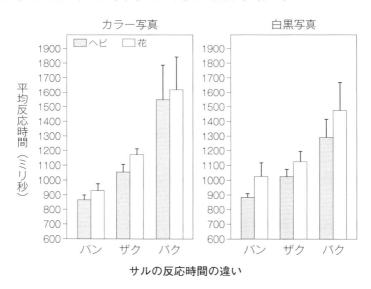

サルの反応時間の違い

　これまでに一度も動いているヘビを見たことのないサルが，他のものよりもヘビをすばやく見つけたのです。ということは，サルは「ヘビを見つける視覚システム」を生まれつき備えていることを示しているといえます。ヒトとサルで，ヘビや怒り顔に対する扁桃体の活動，

---

[1] なおこの研究は，米国心理学会の比較心理学分野の最優秀論文に選ばれて Frank A. Beach 比較心理学賞を受賞しました。また，米国心理学会の機関紙から取材を受けて，話題になりました。

それらの写真に対するすばやい検出などが類似していること，ヒトとサルでの系統関係の近さ，ヒトでも乳児期からヘビをコワがっている声と結びつけることなどを考えれば，おそらくヒトも生得的にヘビや怒り顔に対して反応するような「視覚システム」を有していると考えられます。

　これらのことを考えると，ヒトとサルの共通の祖先が，ヘビをすばやく見つける視覚システムを脳で発達させ，それらをヒトやサルが受け継いでいると考えられます。

ヘビのコワさはウロコがポイント？

　ではヒトとサルの共通の祖先は，どのように「ヘビ」を検出する仕組みを脳で発達させたのでしょうか。ヘビの表皮は菱形をしたウロコで覆われ，重要な特徴となっています。これが「ヘビ」を見つけるときの鍵となっているのかも知れません。霊長類の脳が大きくなった理由をヘビを見つけやすくするためとする「ヘビ検出仮説」を唱える人類学者のリンネ・イズベルも同じことを主張しています。

　こう主張するのには理由があり，ヒトの視覚情報を処理する脳内の経路で，上丘から扁桃体へ視覚情報が伝えられる途中で経由する視床枕という部位（p. 24 参照）に，ヘビのウロコと似た周期的格子縞のパターン（チェッカーパターン（次頁図））の視覚刺激に対して活性化する神経細胞群があることが見つかっています。そのような周期的格子縞のパターンは，ヘビなどのウロコの他には自然界でめったに存在しません。ワニやトカゲのウロコは違った形をしています。これに反応する神経細胞があるということは，それがヘビをすばやく検出するのに貢献している可能性がある，と考えられるのです。これを確かめるために，わたしはヒトとサルを対象とした実験をしてみました。

ヘビのウロコと周期的格子縞（文献［14］より）

ヒトはウロコのないヘビをコワがらない

　ヘビがコワいのはウロコのせいだとすれば，ウロコのないヘビに対して敏感反応は見られないのではないでしょうか？

　ヘビへの恐怖について調べているというと，よく「ヘビのどういうところがコワいのか？」と聞かれることがあります。「ヘビがコワいなら，長くてニョロニョロしているウナギもコワいのでは？　それなのにコワくないのは何が違うせいなの？」とも尋ねられます。ウナギは他の多くのサカナと違ってウロコが見えません。じつはウロコはあるのですが，表皮の下に埋め込まれており外からは見えないのです。ウロコの有り無し，そこがヘビとウナギの大きな違いです。もっともサカナはそもそもウロコが菱形でなく扇型で，形が違います。

　コンピュータによる画像処理技術を使って，ウナギ（のような）ヘビ，つまりウロコ模様を消してしまったヘビの写真を9枚用意しました。これまでと同じように写真セットの中から1枚だけカテゴリの違う写真を見つけるという実験で，ウロコがあるヘビとウロコのないヘビで見つけるまでの時間に違いがあるのかを調べました。

　まずはいつものように大学生で実験をしてみました。数が限られているサルと違って，ヒトを対象にする実験は大勢の人数を使ってたくさんのデータを集められるというメリットがあり，個人差の影響は問

題にならないくらいに小さくできます。

　ウロコがあるヘビの写真とウロコのないヘビの写真を用意し，安全な動物であるコアラの写真と組み合わせました。最初は，ウロコのあるヘビの写真とコアラの写真で9枚のうちから1枚の仲間はずれを探すという実験をしました。結果はこれまでと同じで，ウロコのあるヘビを見つけるまでの時間は，その逆（ヘビのなかからコアラを見つける）よりも早かったのです。

　実験の主な目的であるウロコのないヘビとコアラでのテストをおこなったところ，予想通りの結果が得られました。仲間はずれのコアラを見つけるまでの時間と，仲間はずれのウロコのないヘビを見つけるまでの時間は，ほとんど同じで，差がなくなってしまったのです。ウロコ模様があるかどうかはヘビを見つける手がかりとしてはとても重要ということなのです。

ウロコのあるヘビ（左）とないヘビ（右）

サルもウロコのないヘビをコワがらない

　では、サルではどうでしょうか？　同じことをサルでも調べてみました。サルはウロコのないヘビを早く見つけることができるのでしょうか？

　まず、ウロコのあるヘビとコアラの違いを十分（正答率95%以上）に区別できるようになるまで訓練してから、ウロコのあるヘビとないヘビの2つの条件でデータ（見つけるまでの時間）を比較しました。

　その結果、コアラの中からウロコのあるヘビをすばやく見つけることがわかりました。次に、ウロコのないヘビのデータを見たところ、これまでのヘビを見つける実験と結果が異なり、サルはウロコのないヘビを早く見つけることはできなかったのです。これはヒトの実験と同じ結果でした。

　ウロコのないヘビ画像に対するヒトとサルの実験から、ヒトやサルという霊長類は、視覚的にはウロコ模様を頼りに、危険な存在であるヘビを検出してきたらしいということがわかります。これは、先ほど紹介した「視床枕に格子縞模様によく反応する神経細胞がある」という神経科学の実験事実とも合っています。もちろん、これだけで最終的な結論を出せるわけではないのですが、ウロコのあるヘビとないヘビの写真が視床枕の「格子縞模様反応」細胞にどういう影響をあたえるか直接観察すれば、さらにヘビのウロコ＝恐怖起動説の決定的な証拠が得られそうです。

　いくつかのヒトとサルの実験から、わたしたちヒトが持っているヘビへの怖れは、どうやらサルとの共通の祖先から受け継いだ生得的なもので、それはじつはヘビの表皮にあるウロコ模様を見て生じるらしいということがわかってきました。

　次の章では、ヘビを見たときの脳の活動を調べた実験やその他の方法を用いた実験を紹介します。

Column　ヒトのこころ，動物のこころ
——比較認知科学の世界

　認知科学という学問領域は，こころを1つのシステムとして捉えて研究します。システムの実体が，ヒトであっても，コンピュータのプログラムでも，ロボットであってもかまいません。もちろん，動物でもよいのです。

　動物のこころの働き（システム）を研究する分野を，比較認知科学といいます。「比較」という言葉とは，ヒトのこころや行動をほかの動物のこころのはたらきや行動と比較するということから来ています。比較することで，ヒトのこころの独自性やほかの動物との共通性が浮かび上がります。そこからヒトのこころがどのように進化してきたのか，ということを解明することができます。

　たとえば，本書で説明してきたことでいえば，ヒトはヘビをすばやく見つける視覚システムを持っていたということが，さまざまな実験でわかりました。サルで同じような実験をすることによって，ヘビをすばやく見つけるということは，ヘビを見たことのないサルでもすることなので，そのシステムは生得的なものであり，おそらくヒトとサルの共通の祖先のころから受け継いだものだということがわかります。

　比較認知科学の研究者は少しずつ増えてきました。しかし，おおきくわけて2種類の研究者がいるようです。ヒトのこころより動物のこころそのものが知りたいという研究者と，動物を研究対象にするのは，あくまでもヒトのこころを知るためだという研究者です。前者では，イルカのこころを調べている東海大学の村山司さんや，わたしの先生でもあるチンパンジーの大権威の松沢哲郎先生などをあげることができます。わたしは後者の立場です。ザリガニ，サカナ，イモリ，ラット，ウマ，サル，チンパンジー，ヒトなどを対象に研究してきましたが，特定の動物のこころを知りたいと思ったこ

とはありません。

　もっとも,これはどちらの研究スタンスが正しいというものではありません。研究者は基本的に好きなことを調べる自由があるので,自分がおもしろい,と思うことを調べればよいのです。近年は,イヌのこころを知りたくて比較認知科学の研究をする若い学生たちが増えてきています。イヌ研究の裾野が広がってきたこともあり,イヌのこころについてずいぶんさまざまなことがわかってきました。ネコのこころを調べる研究も本格的なものになりつつあります。

恐怖反応の強さは「それぞれ」

　コワいことへの反応は人によってずいぶん違います。ホラー映画が大好きという人もいれば,そういうものは聞くのもいやという人もいます。ヘビに対しても,飛び上がってコワがる人や,触るのも平気な人,そしてヘビをこよなく愛する人まで,さまざまです。

　これまでに紹介した研究から,サルやヒトは,ヘビのような特徴（表皮に菱形のウロコのある身体）を持った視覚情報に接すると,それに敏感に反応するシステムを生得的に持っていると考えてよさそうです。ただし,行動として観察される恐怖反応は同じでなく人それぞれの強弱があります。コワがる人も愛する人も,脳に備わっているシステムは同じで「これはヘビだ」という情報を検出しているはずです。それでも,コワいものを見つけたときに身体に現れる自律神経系の反応パターンの解釈は,人によって異なるのかもしれません。つまり,コワいものを見てゾクっとする感覚を,コワいと感じるか,スリルと感じるかは人それぞれで異なる可能性があります。

　じつは,飼育下のサルたちもヘビへの反応はさまざまです。人間の飼育下で生まれ育ったサルは,ヘビを怖れない個体が少なくありません。実験に参加したサルたちはこれまでに紹介したヘビの写真を

触って反応することに，最初からまったく躊躇しませんでした。しかし一方で，飼育下のサルのなかでもヘビを怖れる個体もいます。わたしたちの「サルをヘビに対面させる実験」では，その個体ごとの違いがはっきりでました。米国のヘビ学者であるゴードン・バーガードさん，京都大学の森哲さん，柴崎全弘さんとの共同研究です。

　サルの目の前に，横長の板を差し出して，その上の左右の端におかれた2つのエサのうちどちらかを取らせるのですが，左右の端においた同じエサの後ろにはガラスケースがあり，「枯れ葉とヘビ」あるいは「枯れ葉と黒いビニールテープ」を入れておきました。実験の結果，約半数のサルがヘビをコワがり，残りの半数はコワがりませんでした。ヘビをコワがらない個体は，臆することなくヘビの目前からでもエサを取りましたが，ヘビを怖れる個体の中には，最初にヘビを見てからは，その実験箱でエサを一切食べなくなった個体もいたのです。

　飼育下のサルたちは，これまでにヘビを見る機会がありませんでいた。経験に差はないはずなのに，ヘビに対する反応の違いはどうして生じるのでしょうか？

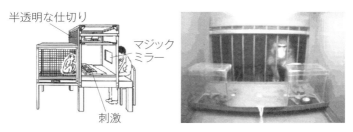

ヘビとの対面実験をするサル

遺伝子の個人的違いが生むこころの多様性

　最近，分子生物学的な解析で，不安になりやすい人，コワがりやす

い人，あるいはあまりコワがらない人の区別ができる，ということがわかってきました。神経細胞と神経細胞の間で情報を伝達する物質（神経伝達物質）の働き方の効率が違うと，そのような心の働きも違うのでは，というのです。

　こころの素となる脳は，多くの神経細胞と神経細胞が連絡し合った複雑なネットワークを作っています。神経と神経の連絡は，神経伝達物質という「連絡役」の物質をやりとりしておこなわれています。神経伝達物質には，いろいろな種類があるのですが，ここでは，「セロトニン」というものに注目します。セロトニンは幸福感を高めることに関係が深いと見られている神経伝達物質です。

　神経細胞のもっとも尖端で細胞はセロトニンを作り，それを次の神経細胞に受け渡して「情報」を伝えます。ここで神経細胞が細胞外に放出したセロトニンを回収してまた使うというメカニズムがあります。回収量を決めているのがセロトニントランスポーターという物質なのですが，それを作る遺伝子は個々人によって少しずつ違いがある（多型性があるといいます）ことが1990年代中頃以後，わかってきました。その違いが最終的なこころの状態に関与しているというのです。

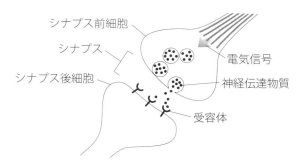

神経細胞の先端でおこなう情報伝達

セロトニントランスポーター遺伝子では「遺伝子をどのくらいの頻度で活動させるか調節する部分」(プロモーター領域)の「活性化配列」の長さがカギです。そこに22個の塩基がつながった配列の繰り返しが14回の場合と、16回の場合の2種類あることが最初に発見されました。2本一組の染色体の両方に長い配列を持つと、セロトニントランスポーター遺伝子はセロトニンを生成するスイッチをオンにしやすく、多くのセロトニンが産出され、そして脳内で輸送されます。そのため、不安も恐怖に対する反応も低くなるのです。つまり、長い遺伝子型を持つ人は、不安傾向が低く神経質になりにくい、あまりコワがらないということになります。

　実際に遺伝子の違いとコワがりかたの違いの関係を調べた研究もあります。怒っている人の顔を見せたときの反応を、この遺伝子多型性のタイプごとに調べると、染色体の両方に長い繰り返しを持つ人に比べて、少なくとも一方の染色体に短い繰り返し配列を持つ人は、恐怖の中枢である扁桃体が活発に活動し、コワがりやすいということになりました。

　セロトニントランスポーターの多型性は、うつ病をはじめとする不安傾向や、特定の脅威の刺激に対する反応の違いに関連しているとの報告がいくつもあります。脳内のセロトニンの働きを薬で調節すれば、このような病気の治療にもつながります。抗うつ薬として使われるSSRI(選択的セロトニン再取り込み阻害薬)という一群の薬は以上の成果を活かしているのです。くわしいことを知りたい方は、拙著(『ヒトの本性　なぜ殺し合いなぜ助け合うのか』講談社現代新書)をご覧下さい。

サルと遺伝子多型性

　近年、アカゲザルでも、ヒトと同じようにセロトニントランスポーター遺伝子の多型性が見られることが報告されています。わたしたち

は、アカゲザルと同じマカク属のニホンザルでもその遺伝子の多型性が見られるかどうかを調べました。早川祥子さんと正高信男さんとの共同研究です。セロトニントランスポーター遺伝子にヒトに見られるような繰り返し配列の多型性は見られなかったのですが、遺伝子の中の一塩基だけが変化している一塩基多型 (SNP) と呼ばれる多型が 2 ヵ所に見つかりました。この他の遺伝子断片の一部にも SNP が見つかっています。そのほかに、脳内のセロトニン濃度に影響を及ぼすと見られているモノアミン酸化酵素 A (MAOA) の遺伝子には繰り返し配列および SNP の多型が見つかっています。脳内のセロトニンや同じく神経伝達物質の 1 つのドーパミンを分解する酵素である MAOA は脳内のセロトニンやドーパミン濃度に影響を及ぼし、攻撃性に関与するともいわれています。この遺伝子を調べたサルのほとんどは 2 つ 1 組の遺伝子がどちらも同じホモ型でしたが、先のサルの実験で唯一ヘビの検出が早くなかった個体は、きわめてまれな 2 つが異なる遺伝子型であるヘテロ型を示しました。遺伝子の多型性とサルが持つヘビへの恐怖の度合いには、決定的といえるほどではないものの、あるパターンが見られました。さらにコワさの感じ方とセロトニントランスポーターや MAOA との関係を調べると、もう少しはっきりしたことがわかるかもしれません。

　怖れそのものを司るメカニズムと、怖れの発現に個体ごとの差が生じるメカニズム（個人差の原因）はさらに詳細に調べる必要があります。また、ヘビとの出会い以外で怖れを生得的に感じると考えられる状況（たとえば、優位なオスの前では他のサルは怖れを感じます）で、サルがどのような行動をするかといった異なる指標なども含めて、多面的に遺伝子の多型性との関連を検討する必要があります。

4章 ヘビに対する敏感反応
——脳波やノイズテストによる検証

　これまではヘビを見つける「早さ」に注目してきました。近くにいるヘビを一刻も早く見つけることは生死をわけることになるので、早ければ早いほどいいはずです。つまり、見つけるまでの「時間」は重要なのです。

　しかし、9枚の写真を見わたし1枚だけ仲間はずれのものを探して、手指で運動するにはけっこう時間がかかります。その時間の中に、脳内で別の経路を通ってバイパスされるはずのほんのわずかな時間の違いが埋没してしまう可能性もあります。それなら、運動として身体に出てくる反応の違いよりも、脳内での反応の違いを見たほうがいいかもしれません。あるいは、そもそも見つけるまでの時間が問題とならない実験でも確認する必要があります。この章では、脳波を使った研究と、徐々に少なくなってくるノイズの中から動物（ヘビ）を見つけるという時間の差は影響しない研究方法を用いたわたしたちの実験を紹介します。

ヘビを見ると大きな脳波が出現する

　ヘビを一瞬だけ見たときのヒトの脳内の活動を直接観察してみることにしました。ヒトの脳にたくさん集まっている神経細胞は、それぞれ弱い電気信号を発しています。これらの電気信号は、頭骨と頭皮を隔てても記録することができます。いわゆる脳波と呼ばれる信号は、頭皮の上からたくさんの神経細胞の活動を記録したものです。脳波は、その発生源や波の特徴などのそれぞれに固有の情報を持っているので、

研究の目的にあったものを調べる必要があります。

脳波の測定は，実験参加者の頭皮にたくさんの電極をつけて調べます。

目で見た情報は，最初に頭の一番後ろの視覚野というところで処理されます。ここの反応を調べるのが，見た対象に注意を向ける過程を調べたいときには有効です（p. 24 の図を参照）。

この領域では，見るものに対して注意を向けるときに（初期視覚注意），かなり早い段階で活動する EPN（Early Posterior Negativity）という脳波が得られます。とくに情動的な刺激（恐怖を与えるような映像）に対して大きく活動する波が得られます。刺激を見てから，およそ 200 ミリ秒（0.2 秒）ほどで活動（マイナス方向の脳波）が最大になり，その波形に，情動的な刺激とそうでない刺激の違いが現れることがわかっています。このようにごく短い時間で活動に差が出る脳波を使って，ヘビの写真にどのように反応するかを調べてみました。

ヘビの写真に対してこの脳波が強い反応をすることは，ほかの研究者の実験でわかっていました。ここでは先の実験と同じように，ウロ

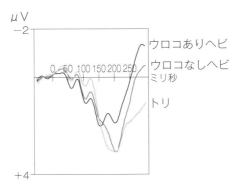

ヘビ（ウロコあり／なし）とトリを見たときの脳波
横軸は時間の流れを，縦軸は脳波の電位を示しています。

コのあるヘビとウロコのないヘビに対する脳波の違いを比べ，さらにヘビとはっきり違いがでることのわかっているトリの写真への反応についても比較しました。

実験では，実験参加者は数種類のトリの写真とウロコのあるヘビの写真をランダムな順番で，パラパラ漫画のように300ミリ秒ずつ，どんどん見せられます。写真が提示されると脳の中では自動的にそれぞれの写真に対する反応が現れます。それを記録しておいて後でまとめて分析します。ウロコのあるヘビの写真での実験が終われば，次はトリの写真とウロコのないヘビの写真を数種類ずつ使って，同じようにして脳の活動を調べました。

その結果は，従来の研究と一致していました。トリの写真に対する脳波の反応よりもウロコのあるヘビの写真に対する脳波の反応のほうが強いことがわかりました。

問題は，ウロコのないヘビでした。これに対する脳波の反応はちょうどウロコのあるヘビとトリの中間で，トリよりはマイナス方向の反応が強いものの，同じヘビの写真でウロコのあるものに比べれば弱いという結果でした。

写真が見せられるのは0.3秒ずつなので，何が映っていたか実験参加者ははっきりと認識していません。ましてヘビのウロコが見えていたかどうかは，注意して見ていてもわかりません。

しかし，意識には残らなくても，脳の中ではウロコのあるヘビとないヘビでははっきりと違う反応をしていました。やはりウロコの有無が，視覚のごく最初に優先的に処理される恐怖刺激としての決め手となっていたのです。

ノイズからヘビを探す

ヘビを見つけるまでのスピードのほかに，どのくらい背景と区別して効率的に見つけられるかということも重要です。というのも，自然

界ではいきなりヘビの姿がはっきりと現れることはめったにないからです。

霊長類が暮らしている樹上の周りには枝や葉が茂っており、枝沿いから近寄ってくるヘビの姿をかんたんに見つけるのはかなり難しいはずです（そのために、ヘビを見つけるための視覚システムが進化したと考えられるのです）。

そこで、ノイズに埋まったヘビやほかの動物の写真を見せて、どのくらいのノイズがあるときにどの動物であるとわかるかを調べました。大学院生の賀洪深さんとの共同研究です（文献［22］）。

この実験は1枚ずつノイズがだんだんと減っていくように写真が提示され、どの段階でわかったかということを調べるものなので、見つけるまでの時間の差は問題になりません。ゆっくり、じっくり見て判断できる実験でした。

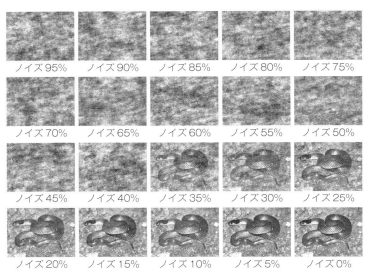

20段階のノイズが入ったヘビ写真

4章　ヘビに対する敏感反応——脳波やノイズテストによる検証

　ノイズはランダムドットノイズですが，単純にヘビの写真の上にランダムドットを載せるわけではありません。もともとの写真の明るさ（輝度）や白黒の強弱（コントラスト）を保ったまま，ランダムドットの割合を変化させるという情報科学の手法を使いました。そのため，ランダムの配合割合でヘビの見やすさはまったく違ってきますが，明るさや色，白黒の強弱の強さや空間周波数特性といった刺激の物理的特徴は，どの写真もまったく同じでした。

　4種類のヘビの写真を用意して，それぞれ5％きざみでランダムドットノイズを増やして20段階の写真を作りました。計80枚の写真の明るさやコントラストはすべて同じです。

　ヘビだけでなく，トリ，ネコ，サカナの写真にヘビの写真と同じように少しずつノイズを混ぜ合わせたものを作り，それぞれ20段階にした写真を，それぞれの動物ごとに4パターン用意しました（4 × 20 × 4 = 320枚）。実験参加者には，ノイズの多いほうから写真を見せはじめて，ヘビ，トリ，ネコ，サカナのどれであるかをそれぞれの写真ごとに3秒以内に回答してもらいました。4種類の動物の可能性があったので，でたらめな答えをいっても正解する確率は$\frac{1}{4}$ = 25％でした。それぞれの動物と判別できたのはどのくらいノイズのところかを調べました。

　実験の結果，ヘビはかなりノイズが多い段階で気づくことができました。ほかの3種類の動物は，それぞれの差はなく，ヘビに比べてノイズが2～3段階少なくなるまで気がつきませんでした。

　これらのことは，ヘビはほかの動物に比べて，ノイズの多い状況でも見つけられるということを意味しています。

　反応が早いだけでなく，見えにくいという状況でも，わたしたちの視覚システムはヘビを効率的に見つけることができるのです。

Box　脳の情報処理とマーの3つのレベル

　認知科学では，対象とする認知過程を解明したというには，デイビッド・マーが提唱した3つの水準での理解が必要だといわれることがあります。視覚の計算神経学者であったマーは，「ある情報処理装置を完全に理解した，というためには次の3つの水準で理解しておかなければならない」と主張しています。例としてあげられるのは，会計レジの計算機（キャッシュ・レジスタ）です。これは商品の合計金額を計算するためのものですが，この計算機がどのように計算を実行しているかを理解するには，(1) なぜそうするのかという目的を問う「計算理論」と，(2) 計算理論を実際の入出力の表現に表す「表象とアルゴリズム」，(3) そしてアルゴリズムにもとづいて具体的に計算を実行に移す「ハードウェア実装」を知る必要があるというのです。

　キャッシュ・レジスタの計算理論は，商品の値段の合計を算出するというのが目的（what）になります。そもそもなぜそれをするのか（why）といえば，合計の金額と商品を交換するためです。

　表象とアルゴリズムというのは，すこしわかりにくいです。表象とは情報をどのように（how）表すかということで，表現とも言い表されます。たとえば数字はアラビア数字で「2」と表しても，漢数字で「二」と表してもわたしたち日本人には同じことなので，どちらでも良いように，表象（表現）がどのようなものであるかはあまり重要ではありません。電子計算機が数字を表現するときには二進数が用いられます（8ビットなら，「2」は「00000010」）が，別の方法でもかまいません。「2つ」ということが表されていればよいのです。アルゴリズムは，計算理論を達成するために入力をどのように出力に変換するかということです。キャッシュ・レジスタは足し算という目的を達成するために，一の位から足し算して繰り上がった分を十の位に加え，十の位で繰り上がったものを百の位に加える，というアルゴリズムを用いています。

　この計算を実行しているハードウェアの実体は，ヒトでは脳ですが，

キャッシュ・レジスタでは電子回路によって実装されています。何十年も前のキャッシュ・レジスタなら、電線とトランジスタやコンデンサの集合がこれになります。

計算理論
計算や情報処理の目標は何か、なぜそれが適切なのか

表象とアルゴリズム
計算理論の入出力の表現と、その変換のアルゴリズム

ハードウェア実装
アルゴリズムがどのように物理的に実現されるか

マーの3つのレベル

ヘビを見つけるシステムにおける3つのレベル

　ヒトやサルがヘビを効率よく見つけるという視覚システムの仕組みを理解するために、視覚の仕組みを理論的に追求したデヴィッド・マーという計算神経科学者が提唱した「3つのレベル」(前頁 Box 参照)に即して考えてみます。

　まずもっとも大きな枠組みのレベル(目的)を考えます。このシステムがそもそも存在する理由(why)は生存を有利にすることです。そのために何を(what)する必要があるかといえば、脅威の対象であるヘビを早く効率よく見つけなければなりません。その処理が必要となった理由は、「高い樹上で暮らした祖先の霊長類時代に、唯一の捕食者であるヘビをすばやく検出しなければ食べられてしまうため」だと考えられます。

逆に一番小さなレベルではどうでしょうか。大きな目的の枠のもとで，この働きを担っている基礎となる「ハードウェア」は，脳の奥深くにある危険検出用の視覚情報処理経路（網膜→上丘→視床枕→扁桃体）です。通常の視覚処理経路（網膜→外側膝状体→一次視覚野）とは異なり，視床枕という神経細胞の塊（核）が，恐怖の司令塔である扁桃体に信号を送ることが重要です。

　マクロなレベルとミクロのレベルの中間にあり，認知科学の問題としてもっとも重要なのが，どのような入力がどのような処理を経て，別の信号として出力されるのかというレベルの問題です（認知科学の用語で表象の問題，ソフトウェアの用語でいえばアルゴリズムの問題といわれます）。先に述べたように網膜に入った情報のほとんどは一次視覚野へ送られますが，一部は上丘から視床枕を経て扁桃体へ送られます。この経路での情報は粗いので通常はほとんど無視されますが，ヘビの特徴であるウロコ様パターンがあったときには視床枕が強く反応し，扁桃体を活性化させるという特別な処理システムが内蔵されています。活性化した扁桃体は，一次視覚野がかかわる通常の視覚情報処理を加速します。これがヘビを効率よく見つけられるアルゴリズムだと考えられます。

　ヘビの検知システムすべてが分かるためには，アルゴリズムのさらにくわしい仕組みも突き止めなければなりません。ウロコ様のパターンとはどのような特徴をいうのでしょうか。わたしたちは，ヘビのウロコのような模様が，脳内でどのように表現されているのかまだ知りません。

　たとえば，ウロコのあるヘビの写真と，そこからウロコを消し去って輝度などをあわせたヘビの写真の画像情報を詳細に比べるという方法があるでしょう。わたしたちは画像情報をフーリエ解析にかけて，ウロコに特徴的な空間周波数があるかどうかを調べてみましたが，統計的な違いとして検出できるような差は見つかりませんでした。

　ただなんでもかんでも，形式的に分析すればあきらかになるわけで

はありません。ヒトは，特定の組み合わせに意味を見いだす生き物です。たとえば，垂直線「｜」と水平線「—」に斜め45度の線「／」の組み合わせは，三角形「⊿」にもなれば矢印「∠」にもなります。しかし，画像として形式的に分析してしまえばこれらの空間周波数はどちらも同じで区別がつきません。第7章でみるように，線画で同じ空間周波数をもった怒り顔と笑顔をつくることができますが，怒り顔をみつけるほうが早くなるのです。

　ゲシュタルト心理学という分野では「全体は，単なる部分の集合ではない」といいますが，そのとおりなのでしょう。1つ1つの刺激の特徴を捉えるだけでなく，それらの配置関係を含む全体としての刺激の特徴とその配置が持つ意味を捉えるほうが重要な事例は，認知科学や心理学でたくさんあります。認知科学にはまだまだ調べるべき重要な問題が残っています。

クモはヘビのようにコワいのか？

　クモはヘビと並んでヒトがコワがるものの代表とされてきました。これまでの話の中にもクモは何度か登場しています。心理実験でも，恐怖を呼び起こす動物として慣例的にヘビとクモが用いられてきました（文献［23］）。ここまでの説明で，ヘビは，ヒトが進化してくる歴史の中でこころに刻みつけられた恐怖の対象だということがわかったと思います。はたして，クモもそうなのでしょうか？

クモは危険ではない

　サルたちはヘビを怖れます。霊長類11種を対象におこなわれた野外での調査でも，サルはヘビに遭遇すると仲間に危険を呼びかける「警戒音」を発するなどの恐怖反応を示すことが報告されています（文献［24］）。これまでに説明したように，わたしたちは視覚探索課題でサルは花よりもヘビを早く検出する（文献［21］）ことを示しました。これらのことから，ヒトのヘビ恐怖の起源は，ヒトとサルの共通祖先のころまで系統発生的に遡ることができ，ヘビはサルにとってもヒトにとっても生得的な「コワいもの」であると考えてよさそうです（文献［25］）。では，クモはどうなのでしょうか？

　動物恐怖症のなかでもっとも多いのはクモ恐怖症（英語ではアラクネフォビアといいます）であるという報告（文献［26］）があるので，クモはヒトに忌み嫌われている生物であることは間違いありません。ドイツのマンハイム大学の心理学者アンテ・ゲルデスらは，クモ，ハチ，カブトムシ，チョウの写真を大学生に提示し，恐怖感，嫌悪感，危険

度の3項目について評定させたところ、すべての項目においてもっとも高い評定値がつけられたのはクモであったと報告しています（文献[27]）。

ヘビは捕食者として危険な存在でしたが、クモの危険性というのはどのくらいのものなのでしょうか。世界に約3万8000種いるとされるクモのうち、ヒトにとって危険な毒グモはわずか0.1～0.3%でしかありません。サルやヒトを食べるクモは存在しません。

いっぽうで、危険な昆虫でいえば、ハチはしばしば集団で現れることもあり、クモよりも危険度が高いとされています（文献[27][28]）。実際、日本ではクモに噛まれて亡くなる人はこれまでいませんでしたが、毎年20～30人がハチの犠牲になっています。また、アフリカなどでは蚊によって亡くなる人が相当数います。むしろ、蚊のほうがクモより危険といえるかもしれません。

はたしてクモは本当にコワいのでしょうか？　実験で調べてみることにしました。

ヘビとクモのコワさを比べる

仲間はずれを探す実験でのヘビとクモ

いつものように大学生を対象に、仲間はずれの1枚を探す実験をしました。最初の実験では、ヘビ・クモを花・キノコと比較しました。実験で出てくる写真セットでは、コワい動物（つまりヘビ・クモ）の写真の中に、コワくない花かキノコが1枚混ざっている場合と、逆に花かキノコの写真の中にコワい動物（ヘビかクモ）が1枚混ざっている（仲間はずれがいる）場合と、すべての写真がコワい動物、あるいは花かキノコである（仲間はずれはいない）場合があります。花とキノコの写真が同時に混ざって提示されることも、ヘビとクモの写真が同時に提示されることもありません。実験参加者は、仲間はずれがいるか、それともすべてが同じ仲間（たとえばすべて花）であるかを判

断し，できるだけ早くキーボードを押して答えます。

　仲間はずれが出てくるときには，仲間はずれがヘビ・クモのほうが，花・キノコよりも早く見つけられました。これはこれまでと同じ結果です。仲間はずれがヘビの場合とクモの場合をわけて分析したところ，とくに違いはありませんでした（下図）。これは，それ以上無いというくらい早いスピードで反応しているので，本来ならば得られるはずのわずかな差が検出できなかったためだと考えられました。心理学では，床効果といいますが，それが効いたと考えられます。このままでは，ヘビとクモの差がわからないので，別の分析でもっとくわしく見なければなりません。

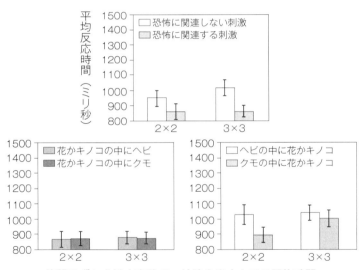

仲間はずれを探す実験で，結論を出すまでの平均時間

恐怖を引き起こすヘビ・クモと引き起こさない花・キノコの写真について，1セットの枚数が4枚（2×2）の場合と，9枚（3×3）の場合をそれぞれ比べている。上は恐怖に関連する写真か，関連しない写真だけが仲間はずれである場合，下の左は恐怖に関連しない写真の中に仲間はずれのヘビ・クモの写真が1枚ある場合，右は恐怖に関連するヘビ・クモの写真の中に仲間はずれの花・キノコの写真を1枚入れた場合，のそれぞれの反応時間を示している。

ヘビとクモはどのくらい注意を「拘束」するか

　そこで注目したのは，実験参加者が仲間はずれの写真がない写真セットを見て結論を出すまでに必要な時間です。この時間を調べるのは，次のような理由からです。

　仲間はずれを探す場合，おのおのの写真に注意を傾けます。「あ，これだ」と見つける機能は「捕捉」と呼ばれます。それに対して，関係ない写真に注意が「引っかかってしまう」状態を，注意が「拘束」されているといいます。注意を強く捕捉する写真は，「それに素早く注意を向けさせ」る力があります。これまでは仲間はずれであるターゲットの写真がどれほど注意を捕捉するのか，ということを調べてきました。いっぽうで，注意を強く拘束する写真は，それに囚われてしまい注意を引き剥がして別の写真に移りにくいことを意味します。目が離せないといった表現がよくあいます。

　仲間はずれを探す実験によると，注意を向けさせる「捕捉」の力はヘビとクモであまり差がありませんでした（おそらく床効果）。では，注意を捉えてしまう「拘束」の力はどうでしょうか。仲間はずれが1つもない場合は逐一探すことになるので，すべて同じと判断するまでの時間は，拘束力のより強い写真のほうがよけいにかかるはずです（ドキッとする写真にいちいちひっかかってしまう，というわけです）。オランダの心理学者のマイク・リンクらは，クモはカブトムシやチョウなどの昆虫に比べると注意を拘束する力が強いという結果を示しています。

　仲間はずれの写真がないという条件の写真セットを見せた場合，ヘビとクモでどう違うでしょうか。この場合には，実験参加者は「仲間はずれなし」ということを確認するためにすべての写真を見て判断しなければなりません。そのためには，1枚1枚の写真をつぶさに見ていかねばならず，仲間はずれがあるときよりも反応するまでの時間は長くなります。当然，9枚の写真ですべて同じと答えるまでの時間は，写真数の少ない4枚よりも長くなります（次頁の左の図）。いっぽう，

1枚だけ仲間はずれ写真がある場合，それはポップアウトするので，ヘビの場合もクモの場合も，見つけるまでの時間に4枚と9枚での差はありません（p.66の上の図の網かけ棒グラフ）。

仲間はずれのないヘビの写真セットと，クモの写真セットを見たときの「すべて同じ」と判断するまでの時間を比べるという分析をしてみました。拘束の力に違いがあるなら，その時間に差がでると考えたのです。

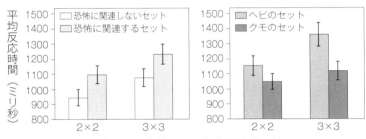

写真セットを見せてから仲間はずれがいるかどうか決定するまでの平均時間

1セットの枚数が4枚（2×2）の場合と，9枚（3×3）の場合で，それぞれのセットを比べている。左はすべてがコワさに関連しない場合，関連する場合を比べた。右は，ヘビとクモを比べた。

結果は，クモの写真が持つ拘束の力はヘビほど強くありませんでした（上図右）。写真の枚数を増やした場合，判断までの時間はヘビでは増えていますが，クモではほとんど増えていません。拘束の力がヘビでは強いために時間がかかったと考えられるのに対し，クモではそれほどではなく，拘束の力はあまりなかったと考えられます[1]。

クモはヘビほど注意を惹きつけない

仲間はずれを瞬時に見つけるための「注意の捕捉の力」ではヘビと

クモの差が現れませんでした。いっぽう「仲間はずれなし」の判断は，花やキノコというコワくない写真セットに比べて，ヘビやクモというコワい写真セットのときにより多くの時間がかかりました。このことはコワい写真のほうがより強く「注意を拘束する」ということを示しています。

そして，クモばかりの写真とヘビばかりの写真での仲間はずれなしの判断は，ヘビの写真のほうが，クモの写真のときよりも遅くなっていました。つまりクモはヘビほど強く注意を拘束しなかったのです。

これまでに心理学では，クモとヘビは恐怖を引き起こす代表的な存在だとされてきましたが，わたしたちの実験に参加した日本人の学生にとっては，クモはヘビほど注意を強く拘束する動物だとは見なされていないようです。

ヘビやクモに対する恐怖に関してはかなりの文化的な差があることが確認されています。たとえばインド人は他の国々（イギリス，オランダ，アメリカ，韓国，中国，日本）の人々よりもクモに対する恐怖は小さいと報告されています（文献 [29]）。日本には，ハブやマムシなどの毒ヘビがいて誰もがヘビをコワがりますが，ヒトを死に至らしめるほどの強い毒をもった毒グモはいません（文献 [30] [31]）。それほど危険な存在ではないのです。そういう理由で，クモはヘビほど強く注意を拘束しなかったのではないかと考えられます。

---

[1] ヘビやクモだけでなく，動物はそもそも花やキノコより早く見つけられることがわかっています。ヘビやクモという動物を動物以外のものと比べることが影響しているかもしれません。そこで花・キノコの代わりに，トリやコアラをもちいてそれ以外の手続きや分析方法はすべて同じ条件で実験しました。その結果，やはりヘビやクモはトリやコアラより早く見つけられました。その実験参加者に同じように，ヘビの写真セットとクモの写真セットの判断時間を比較しましたが，ここで説明している実験と同じ結果でした。

Column　ゴキブリはコワいのか，気持ち悪いのか

　わたしの家は，名古屋市内の丘陵地にありますが，目の前には4000株以上ものアジサイが植わる大きな森を有した公園があるため，さまざまなムシがやってきます。まれにカブトムシやクワガタが家に飛び込んでくることもありますが，頻繁にやってくるのはムカデやゴキブリたちです。

　ゴキブリはもともとは森林に棲む生き物なので，家のなかよりも玄関や庭などでノコノコ歩いている姿をよく見かけます。たまに外から家の中に侵入したゴキブリを見つけると，家中が大騒ぎです。ムカデは毒を持っていて噛まれると強く腫れるので危険ですが，うちに入る普通のゴキブリに害はありません。家の中で繁殖する種類のゴキブリは不衛生なものを媒介するといわれますが，それまで森で暮らしていたゴキブリは普通の昆虫に比べてとくに不衛生というわけではないのです（ちなみに，普段は森に棲んでいるシロアリは，アリではなく，完全にゴキブリの仲間です）。

　それなのに娘はゴキブリを「コワイ」といいます。日本語の「コワイ」は，「気持ち悪い」と混同されている場合が少なくないのでは，とわたしは考えています。

　ヒトには基本情動というものがあると紹介しました（p. 9 Box参照）。6つの情動（喜び，驚き，恐怖，嫌悪，怒り，悲しみ）の表情は，まったく異なる人種の人の表情でもほぼ正確に認識できるというのがこれまでの定説でした。しかし，2009年に英国グラスゴー大学のラシェール・ジャックたちが『カレント・バイオロジー』誌に発表した研究では，西洋人は他人種（東洋人）の表情をほぼ正確に認識できるのに，東洋人（日本人と韓国人）は，他人種（西洋人）の表情のうち怒りと嫌悪の2つの表情の認識率が著しく低いことがわかりました。西洋人は，最低でも84％（驚き）でしたが，東洋人では，

恐怖は69%,嫌悪は67%しか正しく認識できませんでした。ちなみに,喜びは99%,驚きは94%でした。

　日本人は,あまり「嫌悪」というのを経験しないのかもしれません。あるいは,他人の嫌悪の表情を認識するということと,自分で経験している情動に正しくラベルづけすることはかならずしも同じではありませんが,日本人は嫌悪をほかの情動と混同しやすいのかもしれません。

　西洋の人たちがゴキブリをみて,「コワい」と言い表すかはわかりませんが,これまで見てきた仲間はずれを探す実験でゴキブリに注意が向けられるか,ということが調べられています。オーストラリアのクィーンズランド大学のオットマール・リップたちは,コワい動物（ヘビかクモ）と気持ち悪いだけの動物（トカゲかゴキブリ）のどちらが注意を惹くのかを調べました。直接,コワい動物を気持ち悪い動物とペアーにするのではなく,コワくも気持ち悪くもないトリかサカナとペアーにして比べられました。つまり,コワい動物の代表をヘビ,気持ち悪い動物の代表をトカゲとすると,ヘビとトリの写真,トカゲとトリの写真が比べられました（クモやゴキブリがトリやサカナと比べられるなど）。

　その結果,ヘビはトカゲより,クモはゴキブリより注意を惹きつけることがわかりました。したがって,少なくともヒトの視覚システムは,ゴキブリやトカゲにそれほど強く注意を向けるようにはなっていないと考えられます。

　ヘビやクモの恐怖症の人は,普通の人よりもそれらの写真を早く見つけることが実験で示されています。したがって,ゴキブリを極度に「コワがる」人では,かなり効率的にゴキブリを見つけてしまうことが予想されます。ゴキブリ恐怖症ということば（カツァリダフォビア）もあるようなので,欧米の人の中でもゴキブリを「コワい」と考える人はいるようです。

ヘビに対する恐怖を出発点にして，クモやゴキブリに対する恐怖を比較することで，どのような対象をコワがるようにできているかというこころの仕組みの断面が見えてきました．もともと森林に棲んでいてヒトに害を及ぼさなかったゴキブリには，注意が向くわけではなさそうです．クモも，ほかの動物に比べれば注意が向くようですが，やはりヘビほどではなさそうです．

脳波の測定やノイズテストからみるクモ恐怖

脳波で調べる

　行動を指標とした実験ではクモはヘビほど強い注意を惹きつけませんでした．運動を媒介した反応では，ほんのわずかな数十ミリ秒ほどの違いは現れにくいのかもしれません．4章で紹介した実験では，眼で見たものに対して最初に注意を向ける過程を脳波が反映しており，ヘビの写真が映し出されてから200ミリ秒経ったころに大きな振幅が現れていました．では，同じ実験をクモの写真でやってみるとどうなるでしょうか？　賀洪深さんと久保賢太さんとの共同研究です（文献[32]）．

　クモの中で毒グモ，タランチュラは有名ですし，なかには死に至る毒を持つものさえもいます．クモという種全体でみれば，危険な生物には違いありません．そうだとすれば，クモを早く見つけることは大事なことかもしれません．しかし，世界中のどこにでも毒グモがいるわけではなく，日本にはいません．

　日本ではクモよりもハチに刺されるほうがよっぽど危険です．そこで，クモ，スズメバチ，マルハナバチ（これはヒトを刺しません），カナブン（これも無毒でヒトに危害を加えません）の写真で比較してみました．それぞれ8枚ずつ合計で32枚の写真セットを，ヘビの実験と同じように毎回異なる順番でパラパラ漫画のようにごく短い時間だけ連続して，大学生の実験参加者に見せました．それぞれの写真が映し

出された瞬間を基準として、どれだけ強い脳波がでるかを調べました。

事前の実験結果の予想は次の4通りでした。

（1）クモに対してだけ強い脳波が見られる。

（2）日本で危険なスズメバチにだけ強い脳波が見られる。

（3）コワいと考えられているスズメバチとクモに対して強い脳波が見られる。

（4）どの写真に対しても、同じ程度の脳波が見られる。

この実験に参加したのは、4章で紹介した「ヘビの脳波実験」に参加した人たちでした。そのため、ヘビに対しては強い脳波がでるのがわかっており、かつ続けて実験をしているので、脳波測定のやり方にも不備がないこともわかっています。

実験の結果、どのムシの写真にもまったく差はなかったのです。脳波をグラフにしてみると、他のムシに比べてクモに対する反応が少し

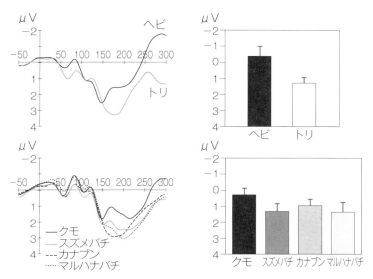

ヘビ・クモを見たときの脳波測定

大きいようにも見えますが、どれだけ測定時間を調整しても統計的に違いがあるといえる結果は得られませんでした。脳波を指標にしても、ハチなどの他のムシと比べてクモの情報が脳内ですばやく処理されているという証拠はありません。クモは特別な（コワい）ムシというわけではないということがここでも示されたのです。

ノイズの中から見つける

ヘビについて調べたのと同じように、ノイズの中からクモをどれほど効率的に見つけられるかを調べました。ヘビでは、トリ、ネコ、サカナというほかの動物よりも簡単にノイズの中から見つけ出せました。

クモでも同じ実験をしました。脳波の実験で使ったスズメバチやマルハナバチはよく似ていてノイズが混ぜられるとその区別は相当難しく、そもそもムシに馴染みがなく、スズメバチとマルハナバチの違いがわからない学生もいました。そこで、クモ、スズメバチ、カナブン、チョウという4つの種でテストしてみました。

ノイズは20段階で写真に重ね、4種のムシにそれぞれ8種類、計8 × 20 × 4 = 640枚の写真を用意しました。ノイズの多いほうから見せ始め、あてずっぽうでもよいから4種のどれに見えるか、答えてもらいました。

その結果、最初にはっきり見えたのは、チョウでした。これはほかのムシと違って、チョウだけが大きな羽を持っているので、これが特徴となってわかりやすかったと考えられます。チョウのほうがノイズの多い段階で見つけられたことについて別の原因もあるのかもしれませんが、すくなくともクモがほかの動物より早く見つかるということはありませんでした。つまり、この実験でも、他のムシよりもクモにより注意を向けているという証拠は得られなかったのです。

サルはクモをコワがらない

　日本人の実験参加者にとってクモはヘビほど注意を惹かない（＝コワくない），という結果は，日本ではアレルギーショックなどを除けばクモに噛まれて死んだ人はほとんどいないということを参加者が（うすうすでも）知っていたからなのでしょうか？

　クモに「コワい」や「気持ち悪い」という感情を抱く人は多いかもしれませんが，危険と思う人はそれほどいないはずです。むしろ，ムカデやスズメバチのほうがよっぽど危険と理解している人のほうが多いと考えられます。

　ここでも，「学習」や「経験」が影響しているかどうかということが問題となります。日本で生まれ育った人が，クモはそれほど危険ではないと考えている・感じているのは学習と経験の結果なのかもしれません。ヒトの実験では，経験の影響を除いて考えるのはかなり難しそうです。

　ヘビの場合と同じようにサルならそれほど経験の影響を受けないと考えられます。研究所で飼育されているサルはヘビを見たことがなくてもクモくらいは見たことがあるかもしれません。とはいえ，それほどつぶさに見る機会はなかったはずです。すくなくとも，クモを見てコワがっている別のサルを見たことや，クモに危険な目にあわされたことはないはずです。

　サルにヘビの写真を見せた実験（3章）と同じように，仲間はずれの1枚を探すという実験で，クモとコアラを見つけるまでの時間の早さを比べてみました。今度も，ヘビの実験と同じサル3頭が実験に参加しました（文献［33］）。

　その結果，ヘビのときには3頭ともがヘビをコアラより早く見つけたのに対し，クモをより早く見つけたサルはいませんでした。コアラを見つける時間とクモを見つける時間に，統計的な違いはありません

でした。

　クモはサルにとってもそれほど危険な生物ではないのでしょう。世界でもっとも北の地域に棲む霊長類である，青森県下北半島のニホンザルは，冬季にはクモを食べることがあるといいます。ニホンザルにとってはエサに見えても危険な避けるべき対象とは見ていないのです。そのほか，多くの種のサルがクモを食べるようです（文献 [33]）。

　これらのことを考えると，進化の過程でヘビと同じようにクモをすばやく見つけるようなシステムを得たとは考えにくいのです。

　海外の研究では，ヒトがクモを早く見つけるという結果と，クモは特段早く見つけられるわけではないという両方の結果があります。「クモを早く見つける」と報告しているのはオーストラリアの研究グループです。オーストラリアには，近年日本にも侵入しつつあるセアカコケグモという毒グモがいます。オーストラリアの実験参加者たちは，クモが危険ということを知識として知っていた可能性があります。つまり，クモが気になるのは「学習」や「経験」の結果という可能性が考えられます。そのような要因を排除するときに，動物の研究，比較認知科学的研究というのは威力を発揮するのです。

ヘビ恐怖とクモ恐怖の起源は違う！？

　セリグマンの準備性仮説（p.17）に従えば，ヒトは，祖先が暮らしていた環境で恐怖を引き起こしていた対象についての恐怖を，今の状況の中で容易に獲得する生得的な傾向を持っていて，ヘビ恐怖はその代表的なものということになります。カリフォルニア大学デイビス校の人類学者リンネ・イズベルはさらに大胆な仮説を提唱しています。彼女は，ヒトの祖先の霊長類が脳を大きく発達させた進化的選択圧の1つがヘビをすばやく見つけるという生存上の要請だったと主張しています。ヒトの幼児もヘビを見たことのないサルもヘビをすばやく見つけました。これらのことは，彼女の仮説を裏づける結果といえます。

ヘビに対して生得的に恐怖を感じるという結果は，準備性仮説とこのヘビ検出仮説のどちらでも説明がつきます。

　セリグマンはヘビとクモをまとめてヒトがあらかじめ恐怖を獲得しやすいものと考えましたが，いまではクモ恐怖に関して準備性仮説で説明することに異を唱える研究者も少なくありません。彼らはクモ恐怖は生物学的に準備された性質ではなく，文化的に伝達されたものであると主張しています（文献［34］［35］）。たとえば10世紀以降のヨーロッパで，クモは病気の蔓延に深くかかわっていると考えられるようになり（文献［36］［29］），それが今日まで文化として伝わった結果，クモ恐怖を持ちやすくなったのではないかと考えられています（文献［27］）。

　ヘビ恐怖とクモ恐怖では恐怖の質が異なっているとする見解もあります（文献［37］）。ヘビ恐怖は咬まれることに対する恐怖（fear）から来ますが，クモ恐怖は病気の忌避（嫌悪 disgust に分類されます）が根底にあると考える人もいます（文献［38］）。この仮説では，クモ恐怖の起源はヘビ恐怖の起源よりもずっと近年になってからという可能性を考えています。

　恐怖症はさまざまなものに対して生じます。ゴキブリを本当にコワいと思う人もいることはたしかです。しかし，ゴキブリ恐怖も忌避から来ている可能性があります。

　クモ恐怖の起源を調べる目的でおこなわれた研究ではありませんが，ゴムでできたヘビとクモのオモチャを透明なケースに入れて置き，5頭のアカゲザルがその上に置かれた餌に手を伸ばすまでの時間を調べた研究があります（文献［39］）。その結果，ヘビが入っている場合は実験を繰り返しても手を伸ばすまでの時間は長いままで慣れませんでしたが，クモが入っている場合は実験を繰り返すごとにその時間は短くなっていき，慣れていったことが確認されました。また，ヘビが入っているときのほうがサルが防御反応を示す割合が高く，ケースに接近する頻度はクモが入っている場合のほうが高くなりました。やはりサ

ルにとって，クモはヘビほど強い恐怖を引き起こす動物ではなさそうです。これらのことも，クモへの恐怖は進化的に引き継いだものではないということを意味しています。つまり，クモ恐怖がみられるのは霊長類の中でもヒトに特有のものであると考えられます（文献 [33]）。

Box　昆虫学者はクモを「コワがる」？

　クモに対する「恐怖」は「嫌悪」ではないか，とのわたしの仮説は，昆虫学者がクモを嫌がることからもうかがえます。クモは日本語では「ムシ」といわれることもありますが，いうまでもなく昆虫ではありません。クモ目を含むクモ綱は，節足動物の中で足は8本，身体は頭胸部と腹部に分かれた仲間で，ダニやサソリもここに含まれます。

　昆虫学者は，他の人にとって気持ちの悪いウジやケムシをどれほど触っても（これらは昆虫の幼虫）「気持ち悪い」とか「コワい」といいませんが，クモをコワがる／嫌がる昆虫学者は案外いることが最近の調査でわかりました（文献 [40]）。

　調査結果をよくみると，昆虫学者のクモに対する感情は，嫌悪と恐怖の区別があまりついていないように見えます。クモをコワがったり嫌がる理由の上位3つは，「動き方」「突然あらわれる」「すばやく走

る」であり，昆虫学者でない人たちがゴキブリに対して感じる嫌悪感とほとんど同じことがわかります。昆虫学者は職業柄，昆虫のどのような様態（卵，幼虫，成体）であってもコワがったり，気持ち悪がることはありませんが，かれらにとっては，クモは昆虫とはまったく違うように見えているのでしょう。欧米人やわたしを含めた霊長類学者が類人猿（ape：チンパンジー，ゴリラ，オランウータン，テナガザル）をサル（monkey）とはっきり区別していることと似ています。素人には，ムシ（昆虫）もクモも同じに見えますが，昆虫学者はたくさんある脚が気持ち悪いとか，さまざまな理由でクモを嫌がるようです。

　昆虫学者がもっとも嫌いな（dislike）生物はダニで，クモは第2位でした。その理由を今風にいえば，「コワい」ではなく「キモい」というところでしょうか。

6章 コワさを抑える

ヒトがコワがるメカニズムを研究していると，TV番組への出演を依頼されることがあります。科学番組や報道番組の情報コーナーで，コワさを克服したい，という視聴者からのリクエストになんとかお答えしようという企画がほとんどです。そして克服したい恐怖は，「お化け屋敷」か「ジェットコースター」のどちらかなのです。遊園地に行って友達と楽しめないのでなんとかしたいとか，ジェットコースターにコワくて乗れないお母さんが子どもにせがまれているのでなんとか乗らないといけないという相談はけっこう多いようです。そこで，わたしは実際に人間を相手に簡単な実験をしながら恐怖を克服していく様子を紹介し，番組でお答えするというのが，おきまりのパターンです。

コワさを克服する秘訣

といっても，どうすればコワくなくなるのでしょうか？

番組では，お化け屋敷やジェットコースターを本当にコワがるタレントさんや視聴者の方を実験の対象にするのですが，実験の効果を確かめるために，先にコワさを客観的に測定する必要があります。「どのくらいコワかったですか？」と聞いても，うまく答えられませんし，番組を見ている視聴者の方にも本人のコワさや，いろいろな工夫によって恐怖が和らいだことがうまく伝わりません。

そこで，簡便に恐怖を客観的に測る方法として心拍を採用します。心臓は一定のリズムで心拍を刻んで動いていますが，驚いたり恐怖を感じるとそのピッチがあがります。そういうときに，「あー，ドキド

キした！」といういいかたをよくしますが、まさに心臓がドキドキと勢いよく脈打つのです。

　実験の効果を際立たせるために、実験にはコワがりの人とそうでない人に参加してもらい、コワがりの人の心臓がどれほどドキドキしていたかをコワがりでない人と比べながら確認します。

　実験では、まず最初に安静にしてもらいます。人によって多少の違いはありますが、おおよそ、1分間に70回前後の心臓の拍動数＝心拍数が観察されます。

　そのあと、コワがりの人とそうでない人に、お化け屋敷に入ったりジェットコースターに乗ってもらいます。お化け屋敷にいったん入っても、コワくてすぐに入り口に引き返し、結局、それ以上一歩も入れない人もいます。それだけでもその人は心拍数がとても上がります。ジェットコースターでは、人によっては160から瞬間最大で200近くになることもあります。それに対して、コワがりでない人はジェットコースターに乗ってもせいぜい120程度にしかなりません。主観的なコワさと、心臓の拍動の激しさが関連していることがわかります。

　お化け屋敷の入り口から戻ってくる人が、どうすれば心拍を上げずに、コワさを克服して最後まで通りきれるようになるのでしょうか？　たとえば、暗いお化け屋敷の中で懐中電灯を照らして歩けば、そんなにコワくありません。心拍も上がらないでしょう。でも、そんなことをすれば施設の人や周りの人に怒られてしまいますし、そもそも楽しくありません。ジェットコースターは、いったん乗ってしまったら、なすすべがありません。眼をつぶればよいのでは、と考える人がいますが、何が起きているのかわからなくなってかえってコワくなります。

　いったん上がった心拍数は、深呼吸をすれば簡単に下がります。息を吐き出すと副交感神経系が活性化します。それには上昇した心拍数を下げる働きがあるので、深呼吸しながらお化け屋敷に入ったり、ジェットコースターに乗ればよいのです。それができる人はそれでもよいのですが、コワがりの人はおそらく、そんな余裕はないはずです。

これまでに何度も実験し，かならず成功したのは，「怖くなる前に大声を出す」ことです。お化け屋敷やジェットコースターは，いきなりコワい場面になりません。たとえば，ジェットコースターなら高所から急降下する前にガタンガタンとゆっくり坂を上るところがかならずあります。そこで大声を出すのがコツなのです。人が見るとちょっと奇異な光景ですが，恥ずかしがらずに「わーっ。高いぞー」とか何でもよいので，大きい声を出し続けます。そうすることによって，深呼吸で息を吐くことと同じ生理作用が生じ，その結果として心拍の上昇が抑制され，それほど高くならないのです。お化け屋敷でも同じです。お化けが現れる頃合いと思ったら，現れる前にキャーキャー声をだして「徹底的にコワがる」と，かえって恐怖を感じなくなります。

　にわかには信じられないかもしれません。最初のうちは，わたし自身も半信半疑でしたが，これまでに何度も実験して，「コワくて困る」という人の悩みをかならずうまく解決することができた方法なのです。ジェットコースターやお化け屋敷がコワい人は，ぜひ試してみてください。

恐怖抑制のメカニズムとは？

　コワくなる前に大声を出すことで恐怖が和らぐのは，深呼吸によって心拍が上昇しにくかったからなのでしょうか？　まだ実験で確かめていませんが，大声を出すことは，深呼吸作用に加えておそらく脳内の恐怖を抑制する作用も同時に働かせていると推測しています。

　まず，恐怖を感じるとヒトの脳はどのようになるかを考えてみます。これまでに説明したように，眼で見たり耳で聞いたりしたさまざまな感覚情報は，扁桃体という脳の奥深くにある神経核に集められます。扁桃体は恐怖を感じる司令塔なので，その感覚情報に恐怖のもとになる対象が含まれていれば，すばやく身体に指令をだして，逃げたり闘ったりする準備を整えさせます。心臓がドキドキするのも，その作用の1つです。

　恐怖の刺激を捉えると，コワくなるだけではありません。扁桃体が恐怖を感じると，前頭前野眼窩部にある脳の領域（膝下部）へ情報が伝えられ，そこからさらに前部帯状回を経由して，恐怖を感じている扁桃体の働きを抑制します。

　これは，ヒトを含めた動物にかならず備わっている恒常性維持機能（ホメオスタシス）の1つとよく似ています。ホメオスタシスとは，個体の状態が，生理的な平常状態から逸脱したとき，それを戻そうとする作用のことです（体温があがると汗をかいて，体温を下げる）。それと同じように，コワくて心拍が上昇したとしても，やがて元の水準に戻そうとする作用が働きます。そのときには，別に備わっている逆のシステムが作用します。心拍数を上昇させるのは交感神経系の役目で，それを抑えるのは副交感神経系の役目です。これはちょうど自動車のアクセルとブレーキの関係に似ています。

　恐怖を感じている脳にも，似たようなメカニズムが組み込まれています。扁桃体が恐怖を感じるアクセルならば，それを抑制するのが前

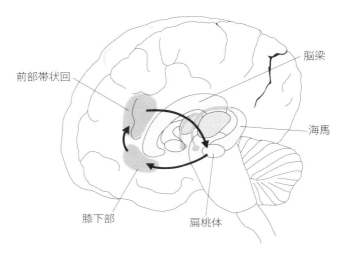

恐怖抑制のメカニズム

頭葉の役目です。

　コワくなる前に大声を出せば，あまりコワくならないと説明しましたが，これは，ニセの情報を受け取った前頭葉の抑制機能（ブレーキ）が先に効果を現したからではないかと推測しています。実際にはまだ恐怖を感じていないのに，大声を出していると，前頭葉が「恐怖を感じている」と「誤解」し恐怖を抑制する指令をだす（ブレーキを踏む）というわけです。その結果，実際に扁桃体が活性化し恐怖を感じたとき（アクセルを踏んだとき）には，すでに抑制が効いている（ブレーキがかかっている）状態なので，思いのほかコワくならない。これが，わたしが考える「大声恐怖抑制効果」仮説です。これが正しいかどうかを証明するには，大声を出したときに，扁桃体や，それを抑制する前頭葉がどのように活動しているかなどを調べる必要があります。いずれ実際に調べてみるつもりです。

コワがらない人とは？

　お化け屋敷やジェットコースターが好きな人がいるのはどうしてでしょうか？　扁桃体が恐怖を感じ，身体に準備指令を出した状態（ゾクッとした感覚）に対して，脳が誤った解釈を与えているのではないかと，わたしは考えています。通常なら，ゾクッとした感覚は（避けるべき）恐怖と認識されるのですが，それを（楽しむべき）スリルと捉えているのです。お化け屋敷やジェットコースターは，「コワがらせる」のを目的に作られていますが，基本的には「危険が生じない」ように作られています。そのことがわかっていれば，ゾクッとしても楽しめるのかもしれません。

　ヘビのコワさは楽しめるのでしょうか。屋外でヘビを見ると，たいていのヒトはコワがりますが，喜んでしまうヘビ好きの人も少なからずいます。わたしの友人のヘビ学者は，米国からわざわざ日本のヘビを捕まえにやってきました。危険な野生の毒ヘビであっても，それらをこよなく愛しているのは，無意識で感じているはずの恐怖の信号を心地よいものと，彼の脳が誤った解釈をしているように思えてなりません。ヘビやクモの専門家は，ヘビやクモに対して決して鈍感ではなく，仲間はずれの写真を見つける視覚探索課題ではむしろヘビやクモをすばやく見つけていい成績を残します。これは恐怖を感じているからなのか，好奇心の対象であるからなのかはよくわかりませんが，いずれにせよ，ほかの人より，これらの存在に鈍いわけではなさそうです。

Box　ジェットコースターとお化け屋敷

　ここ数年，コワさを扱ったテレビ番組で，ジェットコースターに乗せられることがしばしばありました。「こうすれば全然怖くないですよ」，などとしたり顔で話していますが，じつはテレビ番組で乗せら

れるまでジェットコースターに乗ったのはたった一度しかありませんでした。その「一度」というのもようやく大学生になったときでした。わたしが「ジェットコースターに乗ったことがない」と知った女友達が，わたしを遊園地に誘って無理矢理ジェットコースターに乗せたのです。それから 20 年以上一度も乗らずに過ごしましたが，今になってまさか仕事でこれほどジェットコースターに乗ることになるとは思いもしませんでした。

　お化け屋敷にも入ったのもテレビ番組の撮影が初めての機会でした。ある番組で実験がうまくいってから，テレビカメラ撮影用の煌煌とした光りをまとって入って中をみたら，それでもなおコワいことコワいこと……。希代のお化け屋敷プロデューサーである五味弘文さんが制作された作品だけあって，強烈なインパクトがありました。この先，お化け屋敷の解説は引き受けないと心に誓いましたが，幸いそれ以降依頼はありません。くわばら，くわばら……。

7章 他人をコワがるとき

　特定の動物へのコワさには，進化的にこころに刻み込まれているものがある，ということを説明してきました。じつは，わたしたちがコワいと感じるのは，そういうほかの生物ばかりではありません。わたしたち自身も，十分にコワい存在になりうるのです。サルやヒトが集まって社会的な生活を送るようになって，数百万年以上の時を経ていますが，その間に天敵だけでなく同種の相手の感情を「表情」から読むようになり，コワい同種に対しても敏感に反応するようになりました。コワさの研究は，今，虐待やイジメ，仲間はずれといった嫌なことに，こころがどう反応しているのかについても明らかにしつつあります。

経験して知るコワさ

　わたしたちが日常で経験する「恐怖」にはさまざまなものがあります。運転中の車の前に飛び出してきた子どもが危うくぶつかりそうになったとき（や，大事なサイフをどこかに置き忘れたことに気づいたとき）は，頭がパニックになり，そのとき何をどうしたのかをあとでよく思い出せないほど混乱します。やっと危機を免れ，安全とわかると，心臓がドキドキしていることに気づきます。身体の力が抜けるような安堵をおぼえ，さきほどは恐怖を感じていた，とやっとわかるのです。

　これらの恐怖は人それぞれで，車を運転しない人は「ヒヤリ，ハッと」という経験を想像することもできないでしょう。

　こういうコワさをわたしたちは経験で身につけます。日本刀はなか

には国宝に指定されるものがあるほど美術作品としての価値が高いものですが、その鋭い刃はたいていの人をコワがらせます。銃や刃物を、多くの人がコワがるのは、テレビや映画で撃たれたり切られたりして人がばったり倒れて死ぬシーンを何回も見たことで学習したからです。銃や刃物は、乳児期からコワがるものでもありませんし、特殊な形態の銃や刀は、それが武器とわからなければコワくないのです。

わたしたちが日常でコワいと感じるものの多くは学習したものかもしれません。前章までに説明したヘビへの恐怖のように誰もが学習することもなくコワがる対象はほかにあるのでしょうか？　それは、怒った人の顔です。

ヒトの赤ちゃんはもともと生後間もないころから、人の顔をよく見ます。親としては、こちらの笑っている顔に気づいてほしいところですが、さまざまな表情のうち赤ちゃんが最初に区別できる表情は「怒り顔」です。

マックスプランク人間認知・脳科学研究所のトリシア・ストリアーノたちは、生後4ヵ月の赤ちゃんに3種類の表情の写真を見せました（文献［41］）。とくに表情のない中性顔、笑顔、怒り顔でした。これらの3種類の表情には、こちら正面を見すえたものと、視線をあちらの方にそらせているもののそれぞれ2種類がありました（合計6パターン）。生後4ヵ月の赤ちゃんといえばようやく首が座ったくらいで、自分で好きな表情の写真に手を伸ばしたり、ほしいもののほうに近づくような運動をすることはできません。そこで、脳波測定で反応が調べられました。それぞれの表情で正面を向いている顔と、視線をそらせている顔をペアーにして、それらを見せたときに脳波の反応に違いが生じるかどうかを調べたのです。中性顔と笑顔では、正面を向いていても視線をそらせていても同じパターンの脳波が得られましたが、怒り顔では視線の違いによって得られる脳波のパターンが異なっていました。怒り顔は他の表情とは異なり、自分のほうを見ているか見ていないかで違う反応を引き起こしており、かなり幼い段階から敏

感に,怒った顔の視線がどちらに向けられているかということを区別していることがわかります。

怒り顔も注意を惹く

集合写真の愛想のない顔の中に素敵な笑顔があれば,わたしたちはそちらに注意が向きます。爆笑問題という漫才師は写真に写るときに,かならず手を広げて手で表情を作り,目立とうとしています。表情のある顔(や姿勢)は,表情のない顔(や姿勢)よりも目立ちやすいのです。

「ヒトの表情」に関して仲間はずれの絵を探す課題を試してみたアルネ・エーマンたちの実験があります。実験参加者に,9枚1組の下のような絵の集合を見せ,1つだけ異なる顔を探してもらいました。結果は,左図の9枚から1つだけ異なる表情を見つけるよりも,右図の9枚から見つけるほうが早くなりました。その違いは何でしょうか?

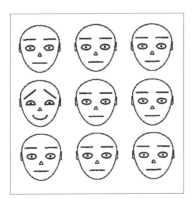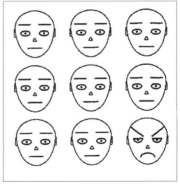

仲間はずれの表情検出実験(文献文献[11]より)

この図は，実験で用いられた絵のセットですが，よく見るととてもうまく作られています。左図の仲間はずれである「すこし情けない笑顔」と，右図の仲間はずれである「怒った顔」をじっくり見ると，それぞれを構成する眉や眼，口といったパーツは同じものを使って構成されています。「笑顔」の眉を左右入れ替え，目と口を上下逆転すれば「怒り顔」になります。これらの刺激としての物理的特徴は，2つの表情でまったく同じなのに，笑顔を見つけるより怒り顔を見つけるほうが早いのです。4章で，刺激の物理的な特徴だけではわたしたちがどう認知するかは説明できないと述べましたが，ここでも同じことが生じています。

　部品配置の「妙」によって，ある特定の「意味」が生じるときに，わたしたちはすばやく見つけたり，ドキッとしたりするのです。

　エーマンたちによれば，ヒトが学習や経験を積まなくても注意を向ける対象には，ヘビや怒り顔がありますが，注意を向ける理由はそれらで異なります。

　ヘビはこれまでに述べてきたように，進化の過程でもっとも生存を脅かす捕食者であったために注意が向きます。

　いっぽうで怒り顔に注意が向く理由は，「怒っている人に対しては社会的に服従しようとするシステム」が作用するためだと考えられています。たとえば，怒っている人を見ると，そこから遠くへ行ってかかわらないようにしたり，なんだかわからないけど謝ってしまったりという行動をするのは，そのようなシステムが備わっているため，というのです。こういうシステムがあるために無駄に怪我をしたりしなくてすむといいます。逆にいえば，そうやって怒っている人からうまく距離をとった人が巻きぞえで死なずに生き残ってきたのです。

　エーマンの区別する「種を超えた恐怖（ヘビ）」と「種の中の恐怖」の2つは，ヒトでもっとも顕著な恐怖に対応しています。それは，もう少し一般的にいえば，ヘビは動物恐怖（ヘビ，クモ，イヌ，トリ）の1つで，怒り顔は社会的恐怖（地位の高い人，見知らぬ人とのかかわり，

他者から見つめられること）の1つといえます（p. 10 Column 参照）。怒り顔もコワい存在ですが、それはヘビとは異なり、社会的恐怖に入るということになります。

進化論を提唱したダーウィンはヒトと動物の表情についてくわしく調べています。それによれば、ほかの動物と比べて、霊長類の顔は仲間とコミュニケーションできるように、その表情はきわめて細かく変えることが可能なように設計されているというのです。ヒトの表情はサルよりもさらに筋肉の構造が複雑ですが、基本的にはほかの霊長類と共通したメカニズムに支えられています。霊長類は、表情によってどちらが強いか（上位であるか）を仲間たちに示します。威嚇する側と威嚇される側の表情の違いは明白にわかります。

つまり、ヒトは威嚇する人をすばやく見つけては、うまく立ち回ってきたという歴史を持っているのです。

サルも怒り顔を早く見つける

サルもヒトと同じように仲間の怒り顔を早く見つけるのでしょうか？ ヘビを見つける実験と同じように、1枚だけ表情の異なる写真を探すという実験をサルとヒトでやってみることにしました。久保賢太さん、早川祥子さん、正高信男さんとの共同研究です（文献［42］）。

しかし、そう簡単には実験をはじめられませんでした。というのも、これまではヘビやクモの写真を図鑑やインターネットから集めてくればよかったのですが、今度は同じ1個体のサルのさまざまな表情が必要だったのです。異なる表情の写真をそれぞれ別のサルから集めると、どれか特定のサル個体が目立ちやすいということになりかねません。10頭近くのサルの普通の顔と怒っていそうな顔をビデオで撮影し、そこから静止画を切り出して、実験の目的を知らない人たちに「怒っている」表情と「普通の表情」を判定してもらいました。サルの顔の違いを見分けられる人でないといけないので、これらの人に協力して

もらうのも簡単ではありませんでした。

　普段の力関係が影響するかもしれないので，実験で使用するサルと知り合いのサルの写真も使えません。最終的に，ある個体の怒っている顔9枚と，普通の顔9枚が，ほぼ同じ大きさで写っているものを選びました。これでようやく実験を開始することができたのです。

　実験は3頭のサルが参加し，大学生にも同じサルの写真で実験に参加してもらいました。

　その結果，サルは3頭とも，1つだけ異なる普通の顔を見つけるよりも怒り顔を見つけるまでの時間のほうが早いという結果が得られました。大学生でも同じ結果が得られました。これらは，コワイ対象をすばやく見つけるというこれまでの結果と一致していました。これまで説明したことからすれば当たり前の結果ですが，これまで誰もこのような実験をおこなったことがありませんでした。すでに述べたとおり，その理由の1つは写真を集めるのがたいへんだったためです。

　もしエーマンの「怒っている人に対しては社会的に服従しようとするシステム」があるという仮説が正しいなら，ヒトだけでなくサルも表情をみて服従するかどうかを決めていると考えられます。サルが威嚇をするときには，大きな声もだしますので，顔の表情だけで判断できるならたいしたものです。

　怒り顔への敏感な反応は人類になってから獲得した性質ではなく，

 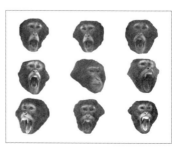

提示されたサルの表情写真セット

これもサルとの共通祖先のころから受け継いだ警戒感知システムなのだろうと考えられます。

怒り顔に恐怖を感じやすい人たち

3章で，脳内のセロトニンの輸送量を決める遺伝子のセロトニントランスポーターの型の違いによって，脅威の対象への感受性が異なることを説明しました。繰り返し配列が短いセロトニントランスポーターを持つ人は，両方とも長い配列を持つ人に比べて，脳の膝下部という領域（p.84）とその近傍の灰白質が約25％も減少していたのです。

この膝下部という脳領域は，扁桃体が発する恐怖信号を抑えるブレーキの役目をになっています（p.84参照）。つまりセロトニントランスポーターの繰り返し配列が短い人は，扁桃体→膝下部→前部帯状回→扁桃体という一連の恐怖を抑制するネットワークのうち，一部の機能が弱いために恐怖を抑制しにくいのだろうと考えられています。

では，なぜ短い配列のセロトニントランスポーターを持つと膝下部付近の発育が悪くなるのでしょうか？

ヒトはストレスを受けると，脳の視床下部の脳下垂体から副腎皮質を経由して，副腎ホルモンの1種である糖質コルチコイドが分泌されます。これはストレスに応答するために必要な身体の反応の1つです。しかし，高濃度の糖質コルチコイドは，脳内での神経細胞が樹状突起を分岐させるのを抑制するという神経細胞の生育にとっての悪影響も与えます。もともと恐怖をやわらげるセロトニンが少ない，短い配列のセロトニントランスポーターを持つ人はストレスを感じることが多く，生育途中でストレスを多く経験した結果，前部帯状回や膝下部を含む眼窩皮質などの細胞の生育が阻害されると考えられています。

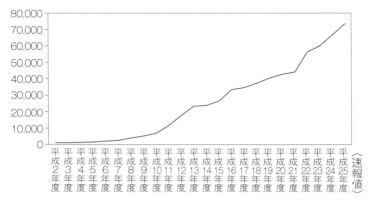

児童相談所での虐待相談対応件数（平成25年厚生労働省発表より）

幼少期の虐待は恐怖の抑制機能を弱める

　このようなストレスの影響がもっとも残りやすいのは，幼少期に虐待を受けた子どもたちです。虐待は深刻な問題で，国内でも年々増えています。平成25年度によせられた相談だけでも7万件以上もありました。それほど多くの子どもが虐待を受けているにもかかわらず，国内では虐待を受けた人の心理・生理を調べている研究者はほとんど見当たりません。そこで，国外に目を向けてみます。米国では日本に比べ，より多くの離婚・再婚がなされます。言うまでもなく離婚・再婚がいつも直接子どもの虐待を引き起こす主因というわけではありません。しかし，米国における虐待は，養父による連れ子への虐待が最大多数ケースです。離婚・再婚が虐待の遠因になっていることは否定できません。虐待件数の総数も日本よりずっと多くの被害が報告されており，系統的な虐待研究がおこなわれています。

　ウィスコンシン大学のセス・ポーラックたちの一連の研究によると，幼少期に虐待を受けた人は怒り顔に対して，そのような経験を受けな

かった人よりもさらに敏感に反応するようです。たとえば，先ほどのノイズからヘビを探す実験のように，怒り顔と笑顔にそれぞれノイズを混ぜて，ほとんど顔が判別できないものから，少しずつノイズを除去し，やがてはっきりと表情がわかるまでの何段階かの写真を用意します。そして，どれくらいノイズが除去されたときに表情を判別できたかが調べられました（文献［43］）。

　実験に参加したのは幼少期に虐待を受けた人たちと，そのような経験のなかった人たちです。実験の結果，虐待を受けた人たちも虐待経験のない人も笑顔は同じ程度のノイズで識別することができました。しかし怒り顔は，両群の識別率に大きな違いがありました。虐待を受けた人たちは，かなり多くのノイズが混じっている写真であっても怒り顔だとわかったのです。怖れている顔やほかの表情では，虐待経験の有無と識別率に違いはありませんでした。これらのことは，虐待経験のある人は怒り顔に対してだけ特異的に敏感になっており，ほんのわずかな情報からでも怒り顔であることに気づくことを意味しています。

　別の言いかたをすると，虐待を受けていた人たちは，誰かの怒っている顔を無視できないともいえます。ポーラックたちは，さらに脳波を使った研究もしています。

　脳波には，思いがけず注意を向けてしまったときに大きく現れる電位があります。刺激提示から約 300 ミリ秒後に現れる陽性（ポジティヴ＝プラス）の電位なので，P300 といいます。たとえば，同じ音が連続しているなかに違う音が現れると，P300 が大きく現れます。ピッ，ピッ，ピッ，ピッ，ピッ，ポッ，ピッ，ピッと音がすると，ポッという異なる音が提示されたときに P300 が出現します。ただし，ほかのことに集中していて音に注意を向けないようにしていると，このたまに出てくるポッに対する脳波（P300）は小さくなります。

　聴覚だけでなく，視覚で実験しても同じことが生じます。連続して映し出されるイヌの写真にまぎれてネコの写真がでてくると，ネコの

写真に対してP300が現れます。ほかのことに集中させておくと、ネコの写真には小さな脳波しか現れません。

P300が注意を反映する性質を利用して、普通の顔にまぎれて怒り顔が映し出されたときの脳波が、虐待経験のある人とない人で調べられました（文献［44］）。実験では音の違い（怒っている声か普通の声か）を聞いて、どちらであるかを答えるのですが、音と同時に顔写真の表情も画面に映し出されました。見ている画面には注意を向けずに、声の違いに集中して音の違いを答えてくださいと実験参加者に依頼しました。

実験の結果、虐待を受けた人たちは、注意を向けていないはずの怒り顔の写真に対して虐待を受けてない人たちより大きな脳波（P300）が現れました。このことは、虐待を受けた人たちの脳では、音声に集中しなければならないのに、怒り顔が現れるとそれについつい注意が向いてしまった、つまり無視できなかったということを意味しています。

幼少時の虐待が、怒り顔に対して過敏に反応するという大きな爪痕を残してしまう、ということがよくわかります。

仲間はずれにされるコワさ

ここまでは、ある「特定の対象」に対するコワさについて話をすすめてきました。しかし、ヒトが怖れるのは、なにか具体的な生物（ヘビや怒った人）や物（刃物や銃）、場所（高所や大勢の人前）だけではありません。

明確な対象が存在しない脅威の代表的な例は「イジメ」でしょう。平成27年の夏に、内閣府は年間を通した日ごとの18歳以下自殺件数を発表しました（『平成27年版自殺対策白書』）。はじめて発表された40年にわたる集計結果を見て、多くの人が驚きました。9月1日の自殺者の数が圧倒的に多かったのです。

現代の日本では18歳以下のほとんどが就学しています。自殺の理由としてさまざまなことが考えられますが，夏休みが終わり次の学期がはじまるタイミングで圧倒的に多くの子どもが自殺するのは，学校に行きたくなかったからだろうと推測ができます。その詳細な理由まではわかりませんが，原因の多くはイジメに関連していたのではないかと報道では識者の意見を紹介していました。

　イジメの様態はさまざまですが，国立教育政策研究所が調べた資料をみると，小中高生のいずれも，(1) 冷やかしやからかい，(2) 仲間はずれ，集団による無視，(3) 軽くぶつかられる，の順でイジメが多く，これらの3種類が大半を占めています。その中でも仲間はずれというのは，はずされる側にとっては大きな脅威なのです。

　「心が痛む」ということばがあります。これは比喩ではないことが近年の研究でわかりました。アリゾナ大学のナンシー・アイゼンバーグは見知らぬ人からほんの2分間ほど仲間はずれにされるだけで，身体的な痛みを感じるのと同じ脳の領域が活性化する（つまり，痛みを感じる）ことをあきらかにしました。つまり比喩ではなく，本当に心が痛むというわけです（文献［45］）。

　アイゼンバーグの実験では，参加者は「サイバーボールゲーム」という，コンピュータ画面上でのキャッチボールをおこないました。画面には，自分の手のほかに別室にいる見ず知らずの2人の絵が描かれています。コンピュータはネットワークでつながっているので，別室で同じように実験をしている2人とキャッチボールをしてくださいといわれます（p. 99）。実験参加者は，自分の手元にやってきたボールを，キーボードのカーソルで右か左にいる人にパスをします。しばらくキャッチボールをしていると，あるときから自分にまったくボールが回ってこなくなります。仲間はずれにされたのです。このときの脳の状態を調べると，痛みを感じる領域が活性化していたのです。

　わたしも久保賢太さんや，孫暁奔さんと同じ実験をして，同様の結果を得ました。これまでの研究とわたしたちの研究が異なるのは，

キャッチボールをする→仲間はずれにされる→ふたたびキャッチボールをする，という3条件で構成されていたことです。従来の研究では実施されなかったこの第3の条件がわたしたちの研究の狙いでした。

実験で「仲間はずれ」にされるのはわずか2分間ですが，その後は最初と同じように3人でキャッチボールをしました。ただし，このときも，たまたま自分にボールが回ってこないことがあります。そのときの脳波を計測すると，興味深いことがわかりました。

米国の退役軍人は，かなりの割合で心的外傷後ストレス障がい（PTSD）になるといわれています。この人たちは，自身が怖れたり嫌がっているもの（戦車や兵器）を見たときに強く注意を向けたことを反映する脳波（P300）が現れます。わたしたちの実験の第三の条件でたまたま自分にボールがこないことがわかったときにも同じような脳波が観察されたのです。脳波の発生源は，記憶を司る海馬と呼ばれる領域の近傍からでした（p. 84を参照）。

まったく見ず知らずの人と，対面することさえしないでキャッチボールをし，ほんの2分間仲間はずれをされただけで，心は強く痛みを感じ，そして，その後にたまたま起きた同様の出来事に敏感に反応したのです。じつを言うと，この2人というのは，コンピュータのプログラムでした。わたしたちの実験でもアイゼンバーグの実験でも，そもそも一緒にキャッチボールをした「見知らぬ人」は存在さえしていなかったのです。

コンピュータを使った仲間はずれの直後には，実験参加者の不快感が高まっていました。この不快感の中身が，怒りなのか怖れなのかはよくわかりません。しかし，一度でも仲間はずれによって引き起こされる「痛み」を経験すると，痛い思いをするとわかっている歯医者をコワがるのと同じように，仲間はずれにされるとわかっている仲間たちに会うのをコワがるようになると考えられます。

近年，多くの子どもたちがソーシャル・ネットワーキング・サービス（SNS）を利用しています。そこでも，「仲間はずれ」という現象

が起こっているようです。見ず知らずの人からの仲間はずれにも、わたしたちは深く傷つきますが、学校外でもつづく、数十人の友人同士によるコミュニケーションからただひとり仲間はずれにされる苦しみはいかほどのものなのでしょうか。

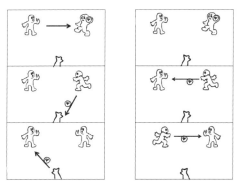

サイバーボールゲームの様子
左段は通常の条件、右段は仲間はずれ条件。左段は3人に均等にボールが回って来ますが、右段では中央にいる自分にまったくボールが回ってきません。

Column　ケータイが使えないことの恐怖

　携帯電話を忘れて外出したり、外出先でバッテリーが切れたり、あるいは携帯電話を落としてしまうと、どう感じるでしょうか？携帯電話が使えないことに怖れを感じる人がいるようです。わたしは携帯電話もPHSもスマートフォンも持っていないので、その気持ちはよくわかりません。しかし、いまや「携帯電話を持っていない」というと、たいてい驚かれます。「待ち合わせはどうしているのか」、とよく聞かれますが、携帯電話が普及するまで、どうやって待ち合わせをしていたと思っているのか逆に不思議です。

携帯電話の契約数は，2015年3月末の時点で1億5270万件あるといいます。直近の国勢調査（2010年）における日本の総人口は1億2805万7352人なので，携帯電話の普及率は119.3％となります。つまり，赤ちゃんまで含めて数えても，1人1台以上の携帯電話が存在するのです。なお，この数字はPHSや広帯域移動無線アクセスシステム（WiMAXなど）は除いたものです。

　このような社会インフラの劇的な変化によって，新たな恐怖症と定義されそうな症状を持つ人が出現しつつあります。まだ日本語としての定訳はありませんが，英語では「no mobile phone phobia」や，それを縮めて「ノモフォビア：nomophobia」と呼ばれます。「フォビア：phobia」とは恐怖症のことで，ヘビ恐怖症は，ヘビ亜目を意味するOphidiaと，恐怖症を意味するphobiaが組み合わさって，「オフィディオフォビア：ophidiophobia」といいます。クモ恐怖症のアラクノフォビア，ゴキブリ恐怖症のカツァリダフォビアといった言葉もあります（5章参照）。「nomophobia」は，さしずめ「ケータイ離断恐怖症」とでもなるでしょうか。

　多くの人は，携帯電話を持たずに外出したり，バッテリーが切れてしまうことに不安や怖れを感じるといいます。コンビニエンスストアにも，電池で携帯電話を充電できる装置が売っていますし，最近のホテルでは，各種携帯電話の充電装置がベッドサイドに用意されているところもあります。

　これまでに，それぞれの人がどの程度携帯電話に依存しているかを調べる質問紙調査はありました。しかし，携帯電話が使えない状況をどのくらい怖れるかを調べた研究は，まだおこなわれていませんでした。そこで，アイオワ州立大学のケーグラー・イィルディリィムとアナ・ポーラ・コレイアは，まず携帯電話依存症と判定された9人の大学生と面談し，どのような状況だと携帯電話が使えないことに恐怖を感じるかを抽出しました（文献［46］）。その結果，大きくわけると4種類の状況で携帯電話が使えないことに恐怖を感じることを見いだしました。これが次の大規模調査の前提として使われ

ました。

　第1のカテゴリは,「コミュニケーションできないことの恐怖」でした。最終的には20項目の質問文で構成される質問紙調査用紙が作成されましたが,この第1のカテゴリに含まれる例の1文として,「メールや電話を受け取れないとしたら,とてもイライラするだろう」というものが入っていました。たとえばこの文に対して,「まったく同意しない」(1点)から,「とても強く同意する」(7点)までの7段階で回答する7件法という方式が,次の調査で採用されることになりました。

　第2のカテゴリは,「つながりを失うことの恐怖」でした。とくにソーシャル・ネットワーキング・サービスから隔離されていることに対する恐怖が顕著でした。そのことに対応する質問として,「メッセージをチェックできないとしたら,不安に感じる」という文などが作成されました。

　第3のカテゴリは,「情報にアクセスできないことへの恐怖」でした。なんでもかんでもすぐに答えが引き出せるはずなのに,その手段がない。この側面を反映するものとして,「ケータイで情報を引き出せないとしたら,イライラするだろう」という文などが作成されました。

　第4のカテゴリは,「ケータイの便利さを喪失することへの恐怖」でした。そこで,「もし自分のスマートフォンが使えなければ,どこにいても立ち往生すると思う」という文が作られました。

　これら4つのカテゴリを反映する質問文がそれぞれいくつか用意され,合計20項目となりました。その質問紙が妥当なものであるかを調べるために,300人あまりの大学生に対して調査がおこなわれました。新たに作られた質問紙調査が妥当なものであるかを確かめるためには,いくつかの基準があります。まずは,あること(たとえば,「コミュニケーションできないことの恐怖」)を調べる複数の文章が,それぞれ互いに高い関連がなければなりません。たとえば,ある人がコミュニケーションできないことに恐怖を感じているなら,

それを問う文章すべてに高い得点を示すはずです。逆に，そのことに恐怖を感じない人は，それらの文章すべてに低い点数をつけるはずです。得点間の関連が高いことを相関が高いといいますが，ここで作られたカテゴリに属する複数の質問文は高い相関がありました。同じカテゴリに含まれる質問文間で高い相関がある状態を内的整合性が高いといい，その質問紙調査には高い信頼性があると判断されます。

次にこの質問紙は，既存の質問紙調査（携帯電話依存症テスト：Test of Mobile Phone Dependence）との間で相関が調べられました。関連する既存の質問紙と相関が高い状態を，構成概念妥当性が高いといいますが，ここでも高い値が示され，この質問紙の妥当性が確認されました。

この質問紙は，20問の質問に対して1から7までの値で回答するので，得点の範囲は20－140となります。この研究によれば，21－59点なら，ほとんど恐怖症といえない，66－99点ならばケータイ離断恐怖症といえる，100点以上ならば深刻な恐怖症をかかえていると判定します。

ケータイ離断恐怖症は「恐怖症」ではなく，たんなるストレスや不安だという批判もありますが，著者らは，これまでのほかの研究者たちと同様に「ケータイ離断恐怖症」は，高所や人によっては広場など，特定の場所や状況に恐怖を感じる「状況恐怖症」の1つであると主張しています。

もともと，この言葉（nomophobia）は，英国の郵便公社が2010年におこなった調査で名づけられたものです。2000人以上を対象としたその調査によれば，イギリスでは，携帯電話を無くしたり，電池が切れてしまうことに不安を感じる人が53%もいました。性別ごとの内訳を見ると，男性では58%，女性は47%がそのことに強い怖れを感じていました。

500人以上の男性を対象とした別の研究で，23%の大学生がケータイ離断恐怖症と分類され，64%がその危険性があると指摘され

ました。これらの学生のうち77%以上が，1日に35回以上も携帯電話をチェックし，2人のうち1人は一日中電源を切らないでいることがわかりました。

　ほかの恐怖症と同じように，携帯電話を利用できないことで生じるこの恐怖症でも精神的にも身体的にも変調を来します。心拍の上昇，皮膚の発汗の増加，浅い呼吸，携帯電話の状態を四六時中確認してしまう，などです。

　携帯電話，とくにスマートフォンはあまりにも便利なので，それを日常的に利用している人は，それが使えないということを想像するだけで，恐ろしくて仕方ないようです。

　気持ちはわからないでもないですが，会食するときくらいは，電源を切っておくべきではないでしょうか。このことの症状の1つとして，職場や学校での人間関係に支障を来すということも含まれています。そのうち落語のオチが「ケータイがコワい」になる日が来るかもしれません。おあとがよろしいようで。

エピローグ——コワさを知ることの意味

　コワいということを縦糸に，進化，発達，脳内メカニズム，遺伝子多型性，子どものおかれた社会状況などについてみてきました。コワいという気持ちはやっかいです。できれば，こういう気持ちを持たずに暮らしたいと誰しもが考えるでしょう。しかし，わたしたちは，コワいという気持ちから逃げることはできません。うまくつきあっていくためには，それがどのようなものであるのかよく知ることです。

　ここまで書いていてふと思い出しました。わたしの指導教授の研究室にはさまざまなカエルの置物がありました。さぞかしカエル好きなのかとお思いでしょうが，そうではありません。先生はカエルがコワいのです。なんとかして，カエルの恐怖に慣れようとしていました。そのことを代々の研究室の学生たちは知っているので，旅行に行っては珍しいカエルの置物を見つけて買って来るので，やがて先生の部屋はカエルだらけになったのです。落語のオチのような話です。

　わたしにもコワいものがあります。娘はそれを知っているので，テレビや絵本に出てきたときには，「お父さん見ないように―」といってくれます。しかしそれが何かは，学生や同僚たちには内緒です。

　孫子の兵法によれば，「彼を知りて己を知れば，百戦して殆うからず」といいます。コワいとはどのようなものかを知ることが，コワいという気持ちとうまくつきあう近道なのです

　コワいには，ここで書いた種類以外のものもたくさんあります。たとえば，高いところは誰でもコワいと感じます。心理学の教科書をみると，「視覚断崖」という赤ちゃんの奥行き知覚を調べる実験状況がかならず載っています。高床式の台の床板がガラスになっていて，底

が見えるようになっています。台の反対側で待ち受けるお母さんのところまで行くためにはハイハイをして行かなければならないのですが、床の途中から高さ1メートルほどの断崖の上を移動する装置です。おおよそ6ヵ月齢ほどの赤ちゃんは、この断崖の手前でハイハイを止めることから、このくらいの年齢で、見た目で高く、その先を進むと落ちるところをコワがる（それ以上進まない）ということがわかります。古典的な装置で、これまでは、断崖の手前でかならず赤ちゃんは止まるとされてきました。しかし近年の研究で台の向こうで待っているお母さんの表情によって、赤ちゃんがそれ以上進むかどうかを決めるということもわかってきました。

　同じことが、イヌと飼い主でも生じます。イヌも断崖の前で進むのを止めますが、台の向こうにいる飼い主がニコニコして、「大丈夫」という表情をしているとイヌは断崖の上のガラス板を歩いてわたるそうです。高いところに対する恐怖も、それほど単純ではなさそうです。

　ほかにもロボットに「こころ」をもたせようとする研究や開発が進みつつありますが、ロボットに恐怖をもたせればどうなるだろうか、などと疑問は尽きません。「コワい」という感情は自身を護るためのものなので、ロボット自身を護るためには役にたちそうです。ただし、自身を護るためにヒトを犠牲にしたりしないか、などとの心配も懸念されそうです。

　本書でコワいに興味をもった方が、こうした研究に参入してくれることを期待しています。

あとがき

「川合さんは，ヘビの話が書けますよね。」

　日本認知科学会の出版委員会で，「認知科学のススメシリーズ」の候補となる著者やタイトルを選定しているときの，ある委員の先生の言葉でした。

　この委員会は，元々はアウトリーチ委員会という名称で，日本認知科学会の活動を社会に広く発信するにはどのような方略があるかを検討する委員会でした。さまざまな状況を考慮して検討した結果，大学生や高校生までもが読めるわかりやすい書籍を出版しましょう，ということになりました。

　当時，わたしは別の本を書いていたので，自分がシリーズの1つとなる本を書くとは，まったく考えていませんでした。また，委員でありながら自分で本を書くという我田引水のようなことにも抵抗がありました。

　それでも，推薦していただいた先生やほかの委員の方の何人かは，通称「安西セミナー」でわたしが話した，ヒトは生得的にコワがる対象がある，というテーマに興味を持ってくださったようで，それをまとめれば1冊の本になるだろうと，考えられたようでした。

　「安西セミナー」とは，当時，慶應義塾大学の塾長の任期を終えられていた安西祐一郎先生を中心とした私的な勉強会のことです。2009年に慶応義塾大学の湘南藤沢キャンパスでおこなわれた日本認知科学会第30回大会で，東京大学の開一夫先生と昼食を食べているときのことでした。安西先生がご自身の研究室出身の開先生のところに近づ

いて来られ,「ちょっと,最近の認知科学の研究の話を聞きたいんだよね」と仰られたのです。同じレストランの少し離れた席にいた,今井むつみ先生がやってこられ,その場で定期的に研究会をすることが決まりました。この研究会は,安西先生が,日本学術振興会の理事長に就任される少し前まで続きました。

安西セミナーでは,若手の方やすでに十分なキャリアのある方が自身の研究についてときには3時間近くも話をされていましたが,いよいよわたしにもお鉢が回ってきました。そのときに話したことが,この本の根幹をなしています。

思い返せば,大学院生のころは,毎日毎日,多い年では年間320日以上も,ネズミに電気ショックを与えて恐怖の学習をさせていました。すっかり恐怖から卒業したと思っていましたが,ひょんなことからまた恐怖と向き合うことになりました。

ただし,大学院生のころのわたしにとって,恐怖はネズミに学習させるものであり,その学習メカニズムにはヒトもネズミも違いはないと考えていました。したがって,恐怖のメカニズムや,それぞれの種に特有の認知システムを知りたいというよりは,恐怖条件づけは条件づけ(強化学習)の研究をするための道具でしかありませんでした。

いまでは,ヒトは進化の過程でどのような対象を怖れるようになったのか,またどのようにして危険な対象を認識し,身体に対処の準備させるのか,ということに興味が移っています。本書では,ここ数年間,わたしが関心をもって実験して来たことを中心に書きました。ヒトが何かをコワイと感じることの理由やそのメカニズムについて興味を持っていただければ嬉しく思います。

大学院生だったころに,東京大学出版会の認知科学選書シリーズを見て,認知科学の勢いと領域の広さや多様性に圧倒されました。羨望と憧れの眼差しで,そのうちの何冊かを読んだことを思い出します。いつか,若い人が同じような思いで手にするシリーズの本を書ければ,

と考えていましたが，これがその 1 つになれば本望です。

　このシリーズでは，サイエンスライターの内村直之さんに著者やファシリテーターとしてご協力いただいています．本書でもおおいに手助けしていただきました．また，新曜社の塩浦暲さんには，何度も出版委員会に同席していただき，シリーズ全体の構想にご意見をいただきました．担当していただいた髙橋直樹さんには，多くのイラストをいれていただくように，かなり無謀なお願いをしましたが，快く聞き入れていただきました．おかげで，読みやすくなったと感謝しています．なお本書で紹介した実験はすべて日本学術振興会の科学研究費補助金（25285199, 15K13159）の援助を受けて実施しました．また科学技術振興機構の ERATO 岡ノ谷情動情報プロジェクトで得た知見も活用しました．

　一般向けの講演を依頼されると，聞きに来られるのはご年配の方ばかりということも少なくありません．ご年配の方々の勉強意欲には，ほとほと感心させられます．本書は，高校生や大学生に読んでもらうことを想定して書きましたが，向学心に燃えられるご年配の方にも関心を持っていただければ幸甚です．

　2016 年 1 月 20 日
　　　　　　　積雪で白く輝く名古屋にて　　　川合伸幸

文献一覧

さらに理解を深めたい読者のために，本書中で引用した文献および紹介した文献を以下にまとめました。

[1] Watson, J. B. (1930). *Behaviorism*. Chicago: University of Chicago Press.
[2] Seligman, M. E. (1971). Phobias and preparedness. *Behav. Ther., 2,* 307–320.
[3] Garcia, J., Ervin, F. R., & Koelling, R. A. (1966). Learning with prolonged delay of reinforcement. *Psychonomic Science, 5,* 121–122.
[4] Öhman, A., Dimberg, U., & Ost, L. G. (1985). Animal and social phobias: Biological constraints on learned fear responses. In S. Reiss & R. R. Bootzin (Eds.), *Theoretical issues in behavior therapy* (pp. 123–178). Academic Press
[5] Hugdahl, K., & Kärker, A. C. (1981). Biological vs experiential factors in phobic conditioning. *Behav. Res. Ther., 19,* 109–115.
[6] Cook, E. W. 3rd, Hodes, R. L., & Lang, P. J. (1986). Preparedness and phobia: effects of stimulus content on human visceral conditioning. *J. Abnorm. Psychol., 95,* 195–207.
[7] Tomarken, A. J., Mineka, S., & Cook, M. (1989). Fear-relevant selective associations and covariation bias. *J. Abnorm. Psychol., 98,* 381–394.
[8] Kennedy, S. J., Rapee, R. M., & Mazuruski, E. J. (1997). Covariation bias for phylogenetic versus ontogenetic fear-relevant stimuli. *Behav. Res. Ther., 35* (5), 415–422.
[9] LeDoux, J. E. (1996). *The emotional brain*. Simon and Schuster.
[10] 柴崎全弘・川合伸幸 (2011). 「恐怖関連刺激の視覚探索：ヘビはクモより注意を引く」『認知科学』, *18,* 158–172.
[11] Öhman, A., Flykt, A., & Esteves, F. (2001). Emotion drives attention: Detecting the snake in the grass. *J. Exp. Psychol : Gen., 130,* 466–478.
[12] Hayakawa, S., Kawai, N., & Masataka, N. (2011). The influence of color on snake detection in visual search in human children. *Scientific Report, 1,*

1-4.
[13] Carlsson, K., Petersson, K. M., Lundqvist, D., Karsson, A., Ingvar, M., & Öhman, A. (2004). Fear and the amygdala: manipulation of awareness generates differential cerebral responses to phobic and fear-relevant (but nonfeared) stimuli. *Emotion, 4*, 340-353.
[14] Isbell, L. A. (2009). *The fruit, the tree, and the serpent. Why we see so well.* Cambridge MA: Harvard University Press.
[15] Cook, M., & Mineka, S. (1990). Selective associations in the observational conditioning of fear in rhesus monkeys. *J. Exp. Psychol. Anim. Behav. Process, 16.* 372-389.
[16] Masataka, N., Hayakawa, S., & Kawai, N. (2010). Human young children as well as adults demonstrate 'superior' rapid snake detection when typical striking posture is displayed by the snake. *PLoS ONE, 5,* e15122.
[17] LoBue, V., & DeLoache, J. S. (2008). Detecting the snake in the grass: Attention to fear-relevant stimuli by adults and young children. *Psychol. Sci., 19,* 284-289.
[18] Deloache, J. S., & LoBue, V. (2009). The narrow fellow in the grass: human infants associate snakes and fear. *Dev. Sci., 12,* 201-207.
[19] LoBue, V., Bloom Pickard M., Sherman K., Axford C., & DeLoache J. S. (2013). Young children's interest in live animals. *Br. J. Dev. Psychol., 31,* 57-69.
[20] Rakison, D. H. (2009). Does women's greater fear of snakes and spiders originate in infancy?. *Evol. Hum. Behav., 30,* 439-444.
[21] Shibasaki, M., & Kawai, N. (2009). Rapid detection of snakes by Japanese monkeys (*Macaca fuscata*) : An evolutionary predisposed visual system. *J. Comp. Psychol., 123,* 131-135.
[22] Kawai, N., & He, H. (submitted). Humans recognize snakes more effectively than other animals under camouflaged conditions.
[23] Öhman, A., & Mineka, S. (2001). Fears, phobias, and preparedness: Toward an evolved module of fear and fear learning. *Psy. Rev., 108,* 483-522.
[24] Öhman, A., & Mineka, S. (2003). The Malicious Serpent snakes as a prototypical stimulus for an evolved module of fear. *Curr. Dir. Psychol.*

Sci., 12, 5–9.
- [25] Isbell, L. A. (2006). Snakes as agents of evolutionary change in primate brains. *J. Hum. Evol., 51,* 1–35.
- [26] Jacobi, F., Wittchen, H. U., Hölting, C., Höfler, M., Pfister, H., & Müller, N., et al. (2004). Prevalence, co-morbidity and correlates of mental disorders in the general population: Results from the German Health Interview and Examination Survey (GHS). *Psychol. Med., 34,* 597–611.
- [27] Gerdes, A. B. M., Uhl, G., & Alpers, G. W. (2009). Spiders are special: Fear and disgust evoked by pictures of arthropods. *Evol. Hum. Behav., 30,* 66–73.
- [28] Vetter, R. S., & Visscher, P. K. (1998). Bites and stings of medically important venomous arthropods. *Int. J. Dermatol., 37,* 481–496.
- [29] Davey, G. C. L., McDonald, A. S., Hirisave, U., Prabhu, G. G., Iwawaki, S., & Jim, C. I., et al. (1998). A cross-cultural study of animal fears. *Behav. Res. Ther., 36,* 735–750.
- [30] 今泉忠明 (1999).『猛毒動物の百科』データハウス.
- [31] 羽根田治 (2004).『野外毒本——被害実例から知る日本の危険生物』山と溪谷社.
- [32] He, H., Kubo, K., & Kawai, N. (2014). Spiders do not evoke greater early posterior negativity in the event-related potential as snakes. *Neuroreport, 25,* 1049–1053.
- [33] Kawai, N., & Koda, H. (in press). Japanese monkeys (*Macaca fuscata*) quickly detect snakes but not spiders: Evolutionary origins of fear-relevant animals. *J. Comp. Psychol.*
- [34] Cartwright, J. H. (2001). *Evolutionary explanations of human behaviour.* Psychology Press.
- [35] Steen, C. J., Carbonaro, P. A., & Schwartz, R. A. (2004). Arthropods in dermatology. *J. Am. Acad. Dermatol., 50,* 819–842.
- [36] Davey, G. C. L. (1994). The 'disgusting' spider: the role of disease and illness in the perpetuation of fear of spiders. *Society & Animals, 2,* 17–25.
- [37] Soares, S. C., Esteves, F., Lundqvist, D., & Öhman, A. (2009). Some animal specific fears are more specific than others: Evidence from attention and emotion measures. *Behav. Res. Ther., 47,* 1032–1042.

[38] Matchett, G., & Davey, G. C. (1991). A test of a disease-avoidance model of animal phobias. *Behav. Res. Ther.*, 29, 91-94.
[39] Chudasama, Y., Wright, K. S., & Murray, E. A. (2008). Hippocampal lesions in rhesus monkeys disrupt emotional responses but not reinforcer devaluation effects. *Biol. Psychiatry.*, 63, 1084-1091.
[40] Vetter, R. S. (2013). Arachnophobic entomologists: when two more legs makes a big difference. *American Entomologist, 59*, 168-175.
[41] Striano, T., Kopp, F., Grossmann, T., & Reid, V. M. (2006). Eye contact influences neural processing of emotional expressions in 4-month-old infants. *Soc. Cogn. Affect. Neurosci., 1*, 87-94.
[42] Kawai, N., Kubo, K., Masataka, N., & Hayakawa, S. (2015). Conserved evolutionary history for quick detection of angry faces. *Animal Cognition*. DOI 10. 1007/s 10071-015-0949-y
[43] Pollak, S. D., & Sinha, P. (2002). Effects of early experience on children's recognition of facial displays of emotion. *Dev. Psychol.*, 38, 784-791.
[44] Shackman, J. E., Shackman, A. J., & Pollack, S. D. (2007). hysical abuse amplifies attention to threat and increases anxiety in children. *Emotion.*, 7, 838-852.
[45] Eisenberger, N. I., Lieberman, M. D., & Williams, K. D. (2003). Does rejection hurt? An fMRI study of social exclusion. *Science, 302*, 290-292.
[46] Yildirim, C., & Correia, A. (2015). Exploring the dimensions of nomophobia: Development and validation of a self-reported questionnaire. *Computers in Human Behavior, 49*, 130-137.

索　引

◆　あ　行

アイゼンバーグ，N.　97, 98
芥川龍之介　2, 3
アルバート坊や　13, 14
イィルディリィム，C.　100
怒り顔　40, 44, 45, 63, 88-96
イジメ　87, 96, 97
イズベル，L.　45, 76
遺伝子多型性　52-54
ウロコ　45-48, 56, 57, 62
エーマン，A.　20, 89, 90, 92
笑顔　38, 39, 46, 88, 89, 90, 94
音 - 写真対応法　38

◆　か　行

賀洪深　58, 72
ガルシア，J.　19
虐待　87, 94-96
恐怖症
　クモ——　40, 64, 72, 76-79, 100
　ケータイ離断——　100-102
　ゴキブリ——　17, 70, 71, 77, 79, 100
　社会——　11, 90, 91
恐怖反応　20, 24, 50, 64
空間周波数　62, 63
久保賢太　72, 91, 97
経験論　12
ゲシュタルト心理学　63
ゲルデス，A.　64
嫌悪　9, 15, 19, 64, 70, 71, 77, 78
　→情動
恒常性維持機能（ホメオスタシス）　83
行動主義心理学　15

古典的条件づけ　15-23
コレイア，A.　100

◆　さ　行

視覚探索実験　26-28, 35, 36, 64, 85
視床枕　24, 25, 45, 48, 62
自然選択　26
柴崎全弘　26, 43, 51
ジャック，R.　70
周期的格子縞　45, 46　→ウロコ
準備性　17-20, 22, 34
　——仮説　76, 77　→ヘビ検出仮説
上丘　24, 25, 45, 62
情動　9, 10, 23-26, 56
　基本的——　9, 10, 70
心的外傷後ストレス障がい　98
推論　15
ストリアーノ，T.　88
セリグマン，M.　17, 18, 20, 76, 77
セロトニン　52, 53, 54, 93
前頭前野　83
孫暁奔　97

◆　た　行

ダーウィン，C.　91
帯状回　83, 84, 93
大脳皮質　24, 25
デローチェ，J.　37, 38, 40
電気ショック　15-22

◆　は　行

バイアス　22
パヴロフ，I.　13, 15

ハチ 64, 65, 72–75
早川祥子 35, 54, 91
ハルグレン, E. 25
比較認知科学 49, 50, 76
不安 2, 3, 6, 7, 10, 11, 17, 51, 53, 100
　→情動
ヘビ検出仮説 45, 76, 77 →準備性仮説
扁桃体 4, 8, 23–26, 33, 44, 45, 53, 62, 83–85, 93
ポーラック, S. 94, 95
ポップアウト 28, 30, 68
ホラー 6, 7

◆　ま　行
マー, D. 60, 61

正高信男 35, 54, 91
松沢哲郎 49
味覚嫌悪学習 19, 20
ミネカ, S. 22
村上司 49
森哲 51

◆　ら・わ　行
ラキソン, D. 39, 40
リップ, O. 71
リンク, M. 67
ルドゥー, J. 23, 24
ロブー, V. 40
ワトソン, J. 13–15

著者紹介

川合伸幸（かわい・のぶゆき）

名古屋大学大学院情報科学研究科准教授

1990年関西学院大学文学部卒，95年同大学大学院文学研究科博士課程単位修得退学，98年博士（心理学）取得，99年京都大学霊長類研究所講師，2001年名古屋大学大学院人間情報学研究科助手，助教授を経て07年から現職。ヒトや動物はどのように環境の情報を取り込み，知識を獲得し，適切な行動を遂行するのかということを調べています。行動科学や実験心理学の手法を用いて，成人や子ども，自閉症の方，ヒト以外の霊長類を対象に研究しています。そうすることで，ヒトにだけ特徴的なこころの働きや，他の動物にも共通する側面を調べ，ヒトのこころの輪郭を浮き上がらせようとしています。著書に『心の輪郭』（北大路書房，2006年），『ヒトの本性』（講談社現代新書，2015年）など。

ファシリテータ紹介

内村直之（うちむら・なおゆき）

科学ジャーナリスト

1952年東京都生まれ。81年東京大学大学院理学系研究科物理学専攻博士課程満期退学。物性理論（半導体二次元電子系の理論）専攻。同年，朝日新聞入社。同社福井，浦和支局を経て，東京・大阪科学部，西部本社社会部，『科学朝日』，『朝日パソコン』，『メディカル朝日』などで科学記者，編集者として勤務した後，2012年4月からフリーランスの科学ジャーナリスト。基礎科学全般，特に進化生物学，人類進化，分子生物学，素粒子物理，物性物理，数学，認知科学などの最先端と研究発展の歴史に興味を持ちます。著書に『われら以外の人類』（朝日選書，2005年）『古都がはぐくむ現代数学』（日本評論社，2013年）など。新聞記事，雑誌記事など多数。12年から慶応義塾大学で「ライティング技法ワークショップ」，13年から法政大学で「社会と科学」の講義を担当，14年から北海道大学CoSTEPで客員教授としてライティングなどを指導しています。

『認知科学のススメ』シリーズ 2
コワイの認知科学

| 初版第 1 刷発行 | 2016 年 2 月 26 日 |

監　修	日本認知科学会
著　者	川合伸幸
ファシリテータ	内村直之
発行者	塩浦　暲
発行所	株式会社　新曜社
	101-0051　東京都千代田区神田神保町 3-9
	電話（03）3264-4973（代）・FAX（03）3239-2958
	e-mail：info@shin-yo-sha.co.jp
	ＵＲＬ：http://www.shin-yo-sha.co.jp/
印　刷	星野精版印刷
製　本	イマヰ製本所

ⓒ KAWAI Nobuyuki, UCHIMURA Naoyuki
2016 Printed in Japan
ISBN978-4-7885-1459-1　C 1011

― 新曜社の本 ―

誰のためのデザイン？ 増補・改訂版
認知科学者のデザイン原論
D・A・ノーマン 著　岡本明・安村通晃・伊賀聡一郎・野島久雄 訳
四六判520頁・本体3300円

脳の発達科学
発達科学ハンドブック 8
日本発達心理学会 編　榊原洋一・米田英嗣 責任編集
A5判344頁・本体3800円

支配的動物
ヒトの進化と環境
P・エーリック＆A・エーリック 著　鈴木光太郎 訳
A5判416頁・本体4200円

ディープラーニング、ビッグデータ、機械学習
あるいはその心理学
浅川伸一 著
A5判184頁・本体2400円

■ **社会脳シリーズ**　苧阪直行 編　四六判

1　社会脳科学の展望　脳から社会をみる　272頁・2800円
2　道徳の神経哲学　神経倫理からみた社会意識の形成　274頁・2800円
3　注意をコントロールする脳　神経注意学からみた情報の選択と統合　306頁・3200円
4　美しさと共感を生む脳　神経美学からみた芸術　198頁・2200円
5　報酬を期待する脳　ニューロエコノミクスの新展開　200頁・2200円
6　自己を知る脳・他者を理解する脳　神経認知心理学からみた心の理論の新展開　336頁・3600円
7　小説を愉しむ脳　神経文学という新たな領域　236頁・2600円
8　成長し衰退する脳　神経発達学と神経加齢学　408頁・4500円
9　ロボットと共生する社会脳　神経社会ロボット学　424頁・4600円

＊表示価格は消費税を含みません。